SYMBOLE DER
FREIMAURER

Die Deutsche Bibliothek - CIP-Einheitsaufnahme

Symbole der Freimaurer / Daniel Béresniak / Text. Laziz Hamani / Fotogr.
[Übers. aus dem Franz. von Manuel Chemineau u. Markus Zöchling].
Wien : Brandstätter, 1998
Einheitssacht.: Symboles des Francs-Maçons ISBN 3-85447-770-8
NE: Béresniak, Daniel; Hamani, Laziz

1. Auflage

Lektorat der deutschsprachigen Ausgabe:
Sonja Paschen
Satz: Lothar Schall, Publish Pool, Wien
Reproduktion der Abbildungen: Gravor, Schweiz
Gedruckt bei G. Canale & C. S.p.A, Italien

Titel der französischen Originalausgabe:
Symboles des Francs-Maçons
Copyright der Originalausgabe
© 1997 by Éditions Assouline, Paris
Copyright der deutschsprachigen Ausgabe
© 1998 by Verlag Christian Brandstätter, Wien

Christian Brandstätter Verlagsgesellschaft m.b.H.
A-1080 Wien, Wickenburggasse 26
Telephon (0043-1) 408 38 14 · Fax (0043-1) 408 72 00

SYMBOLE DER
FREIMAURER

Text von Daniel Béresniak
Photographien von Laziz Hamani
Übersetzt von Manuel Chemineau und Markus Zöchling

VERLAG CHRISTIAN BRANDSTÄTTER · WIEN–MÜNCHEN

INHALT

VORWORT

ÜBERALL, WO ES EINEN RECHTSSTAAT UND SOMIT AUCH EIN FREIES LAND GIBT, BRAUCHEN SICH DIE FREIMAURER NICHT ZU VERstecken. Angeprangert und verfolgt werden sie hingegen, wo ein Machthaber oder eine Einheitspartei allmächtig regiert – überall dort, wo die Wahrheit ein für allemal in einem Buch geschrieben steht, das einzig und allein zum Richtmaß erhoben wird.

In den modernen Großstädten, diesen Ameisenhaufen einsamer Menschen, bietet die freimaurerische Loge einen Ort des Zu-sich-zurück-Findens, einen Ort der brüderlichen Dynamik. Die Pflichten, die Riten und die Symbole helfen dem einzelnen, zu sich zu finden, das heißt, sich als Sinn-Machenden zu entdecken, sich und die anderen als einen Bruchteil des Lichts zu erkennen – wobei akzeptiert werden muß, daß dieser Teil niemals das ganze Licht auszumachen vermag. Die maurerische Lehre wird auch „Königliche Kunst" genannt, eine frühere Bezeichnung für Alchemie. Die umfangreiche Literatur, die es zu diesem Thema gibt, stellt sich dem Leser oftmals als unheimlich und undurchdringlich dar. Ist man es nicht gewohnt, einen Text jenseits seines literarischen Sinnes zu lesen, kann sie einen verwirren. Mindestens zwei Fakten sprechen jedoch dafür, die Königliche Kunst, die der Freimaurerei als Quelle ihrer Symbolik dient, mit Wohlwollen zu betrachten. Das erste Faktum betrifft die Verhaltensgeschichte des Menschen.

Wenn eine offizielle Orthodoxie so viel Macht besitzt, daß sie diejenigen, die suchen und Fragen stellen, zu töten und zu verbannen vermag, wenn Konformismus so stark wird, daß er diejenigen, die sich nicht fügen, mit dem Tod bedroht, bleibt für freie Geister nur noch eine Möglichkeit zu kommunizieren: ihre Ideen hinter dem Schleier der Allegorie zu verstecken oder sie sogar – um sie zu schützen – unter einer dicken Schicht von Lügen und Absurditäten zu begraben.

Das zweite Faktum ergibt sich aus dem ersten und fügt sich in die Ideengeschichte ein: Alle Werdensmetaphern, die wir heute zum Illustrieren der Realität verwenden, gehören dem Wortschatz und der Symbolik der Alchemie an.

Werdegang, Metamorphosen – dies sind die Grundbegriffe, mit denen die Freimaurer arbeiten. Die Metamorphose erfolgt im Laufe einer Reise durch Landschaften, durch Formen und Farben, während der der einzelne einen Umzug erlebt. Dieser ist durchaus auch im Sinne von „Umziehen" zu verstehen: es wird ein Kostüm angelegt und eine Rolle gespielt. Wer dieses Abenteuer erlebt, wird unterschiedlichen Nutzen daraus ziehen, je nachdem, wie stark das Erlebnis wirkt und wie empfänglich der Mensch dafür ist. Die initiatische Reise ist keine leichte: Oft fehlen die Richtschnüre, die zur Orientierung notwendig wären. Die Gefahr, sich zu verlaufen, eine Regression statt der angestrebten Progression zu erfahren, macht das Unberechenbare andererseits aber auch so spannend. Diese drohende Gefahr – vom Versprochenen gleichsam untrennbar – begründet das zu erkennende Mögliche und somit auch die Freiheit als Wert. Die Freimaurerei bietet eine Form der Gesellschaftlichkeit, deren Grundstein die Vereinigung in der Verschiedenheit darstellt – und somit das Gegenteil von Einheit in der Gleichförmigkeit.

In diesem Buch sehen wir die Symbolbilder, denen die Freimaurer während ihrer Reise begegnen. Text und Bild sprechen zueinander in einer Art Dialog zwischen dem Wort und dem Blick. Das Thema dieses „Gesprächs", die Freimaurerei, erörtert den Zusammenhang zwischen Traum und Wirklichkeit, zwischen Vernunft, Intuition und Phantasie. Wer die Ideenbewegungen untersuchen will, wird mit der Frage konfrontiert, was die zeitgenössischen Ideologien mit den traditionellen und zeitlosen Weltvorstellungen zu verbinden vermag. Um diese Frage zu beantworten, wollen wir die Symbole der Freimaurer kennenlernen, untersuchen, wie die Freimaurer mit diesen und mit ihren Mythen umgehen, und ihren Streitgesprächen in der Loge beiwohnen. Meinungsverschiedenheiten bereiten den Freimaurern Freude; sie betrachten Streitgespräche als unentbehrlichen Ansporn einer Kultur. Denn die Freimaurerei ist eine Kultur, und eine Kultur ist immer auch ein Feuer. Die Antworten bilden gleichsam das Brennmaterial für die Fragen.

Die Annäherung an die Symbole der Freimaurer ermöglicht die Enthüllung der Realität, die sie versinnbildlichen. Der maurerische Symbolismus stützt sich auf die Idee des Erbauens: Erbauen, werden, an sich selbst arbeiten. Denn dies bedeutet, eine Reflexion über den Staat zu führen und zugleich die Wege zu untersuchen, welche die Ideen des Individuums mit seinen Wünschen verbinden.

Der Freimaurer untersucht die Mythen, um zu verstehen, wie der Mensch funktioniert. Sein Ziel ist es dabei, ein freier Mensch zu werden, das heißt ein Mensch, der agiert, anstatt bloß zu reagieren. Im Laufe seiner Reise entledigt er sich seiner profanen Bekleidung, um sich in Lichtgewänder zu hüllen und eine bestimmte Rolle zu spielen. So erlebt der Suchende eine Wirklichkeit, die nicht selten von denen abgelehnt wird, die auf ihre Gewißheit und auf fertige Weltvorstellungen beharren. Vernunft und Phantasie nähren sich aber gerade dann gegenseitig, wenn – und vielleicht vor allem weil – man sie gegeneinander aufspielt.

Die Symbole der Freimaurer sind Teil unserer Kultur; auf der geistigen Ebene und auf der Ebene des Alltags sind sie Bestandteile unseres Lebens.

EINLEITUNG

I. DER WEG DES FREIMAURERS UND DIE FUNKTION DER SYMBOLE

Über Symbolik zu sprechen heißt, alles was existiert als eine große Schrift zu betrachten, über das Denken nachzudenken und über die Sprache zu sprechen. Wie schon das Wort andeutet, ist das Symbol die Zusammenfassung von mehreren Elementen, so daß das Ganze mehr als die Summe seiner Teile ergibt.

„Hier ist alles Symbol", kündigt das Aufnahmeritual der ersten Erkenntnisstufe – der des Lehrlings – an. Der Satz „Hier lernen wir, die symbolische Erscheinungsform aller existierenden Dinge zu betrachten" beschreibt den symbolischen Weg. In ihm wird in jedem Wort eine Metapher aufgespürt. Dies ist ein wichtiger Punkt, da Symbolismus gewöhnlich für die Lehre einer kryptischen Sprache gehalten wird, welche die Mitglieder eines Bundes ausschließlich dazu benutzen, sich untereinander zu verständigen.

Die Symbolik bricht mit erstarrten Definitionen, die der Dynamik der Realität widersprechen. Sie hilft, sich der vorübergehenden Phase von etwas Werdendem bewußt zu werden. Was ist ihr Ziel? Die Wirklichkeit zu erkennen, so wie sie ist, die Flüchtigkeit der Grenzen zwischen den Kategorien auszukundschaften, mit anderen Worten: „Verstreutes zusammenzulegen".

Symbolik löst von vorgegebenen Meinungen, von starrem Denken – immer vorausgesetzt, daß sie frei von Dogmatismen ist. Würde man sich nämlich darauf beschränken, Antworten auswendig zu lernen und simplizistische Gleichungen nach dem Schema „Dies bedeutet das" aufzuzählen, wäre dies eine Einengung des Geistes. Gift und Heilmittel – was sie unterscheidet, ist bloß quantitativ: Dosis und Anwendungsbereich. Die Beschäftigung mit der Symbolik eröffnet dem Geist neue Wege, wenn sie das untersucht, was Streben und Idee, Phantasie und Vernunft, globalisierendes und zerstückelndes Denken verbindet, ohne das eine oder das andere zu privilegieren oder abzulehnen, ohne sich in erstarrte Gewißheit zu hüllen.

Symbolisches Betrachten ist also eine lohnende Tätigkeit, die es ermöglicht, die im Denken verborgenen Reflexe aufzustöbern und ein Wort mit dessen Geschichte zu verbinden. Mißverständnisse werden ausgeräumt, die andernfalls negative Verhaltensmuster hervorrufen würden. Derjenige, der sich mit Symbolen beschäftigt, ist gegen die okkultischen Verirrungen des Esoterismus geschützt. Nie wird er Devotion mit Mystizismus, Glaube mit Vertrauen, Gefälligkeit mit Gutmütigkeit verwechseln.

Das Ziel des Freimaurers wird durch zwei Formulierungen umschrieben, die in den maurerischen Riten oft wiederholt werden: „Einen Schritt weiter gehen" und „Verstreutes zusammenlegen". Die objektive Erkenntnis macht

Winkelmaß und Zirkel sind unzertrennlich miteinander verbunden. Sie erinnern an das Zusammenspiel von Materie und Geist und versinnbildlichen den Übergang des einen in das andere.

Fortschritte, wenn sie solch einer Einladung folgt. Tatsächlich gliedern sich die mentalen Vorgänge, durch die Theorien und technische Anwendungen konstruiert werden, rund um das „Umfassen", „Zusammenlegen" und „Anwenden". Diese Begriffe vollenden das Vorhaben des Freimaurers.

Der Symbolismus legt den Akzent auf das subjektive Wissen. Der symbolische Weg ist der Weg der Introspektion, der von freien Assoziationen geführt wird und der mit der individuellen und kollektiven Geschichte sowie mit den Gesetzen des Universums zu verbinden ist. Der Symbolist postuliert, daß das objektive Wissen als Voraussetzung das subjektive Wissen kennt. Sokrates sagte: „Erkenne Dich selbst, und Du wirst die Welt und die Götter erkennen." Diesem Grundsatz folgend untersucht der Symbolist die Wege, die Wunsch und Idee verbinden, und negiert jegliche dogmatische Behauptung – sogar den Dogmatismus des Selbstverständlichen. Er erforscht die Schichten des Sinnes und macht sich an die Arbeit, zu der uns Spinoza eingeladen hat: „Du sagst, Du hättest eine Idee ausgewählt, weil sie gut ist. Du sollst aber wissen, daß Du sagst, die Idee sei gut, weil Du sie ausgewählt hast." Zu einer ebensolchen Arbeit lädt der Kabbalist der Geroner Schule, Jakob ben Sheshet: „Wenn Du sagst, Gott erschuf den Menschen nach seinem Ebenbild, und wenn Du sagst, der Mensch hat Gott nach seinem Ebenbild erschaffen, glaubst Du, das Gegenteil zu sagen. Und es ist so im wortwörtlichen Sinn. Es ist aber Deine Aufgabe, so lange zu studieren und zu meditieren, bis Du verstanden hast, wie und warum das Gleiche anders gesagt werden kann."

II. RITEN UND RITUALE

Der Ritus, ein formeller Akt, und das Ritual, eine Vorschreibung zur Ausübung der Riten, sind Begriffe, die zunächst innerhalb eines biologischen Kontextes anzusiedeln sind. Sie deuten auf die Mittel hin, die zur Steigerung der Kommunikation (Signalisation) eingesetzt werden. Diese Mittel erstellen Verbindungssysteme zwischen den Mitgliedern einer Gruppe. Bei den Tieren mindert die Ritualisierung die Anwendung von Gewalt. Der Mensch ist darüber hinaus fähig, sich zu distanzieren und sich selbst als Studienobjekt zu betrachten. Vom Biologischen – einem Bereich, der die Ritualisierung als lebensnotwendige Funktion kennt – kommen wir zur Anthropologie, wo Riten und Rituale zahlreicher und komplexer werden.

Die Freimaurer beschäftigen sich mit Riten, weil sie verstehen wollen, wie Menschen und Gesellschaften funktionieren, um „die Ankunft einer besseren und aufgeklärteren Gesellschaft vorzubereiten". Dieser Satz ist einem maurerischen Ritus entnommen. Die Freimaurer erforschen die Funktion des Ritus als solchen und die Ausübung der traditionellen wie religiösen Riten aller Nationen in Verbindung mit dem jeweiligen sozialen Code sowie dem Glauben und dem Lebensstil. Alle werden eingeladen, sich zu diesem Thema zu äußern und darüber zu arbeiten.

Die zahlreichen und sich ständig entwickelnden maurerischen Rituale schreiben die

Ordnung und den Ablauf der Riten vor. Was die Riten im eigentlichen Sinn betrifft, sind sie einander überall ähnlich und können einen Freimaurer auf Reisen zwar überraschen, aber niemals befremden. Die ersten drei Grade – Lehrling, Geselle und Meister – finden wir in allen Riten. Der Lehrling wird in allen Riten am Ende dreier symbolischer Reisen aufgenommen, in deren Verlauf er mit den vier Elementen konfrontiert wird: Erde, Wasser, Luft und Feuer. Der Geselle erlebt fünf Reisen und erblickt am Ende den Flammenden Stern. Der Meister wiederum durchlebt nochmals die Passion des ermordeten Baumeisters Hiram. In allen praktizierten Ritualen der Welt arbeiten die Lehrlinge, die Gesellen und die Meister in einer Loge, die mit ihren zwei Säulen Jakin und Boas den Salomonischen Tempel symbolisiert. Der Tempel ist der Länge nach von Ost nach West, der Breite nach von Nord nach Süd orientiert. Im Osten sitzt der Logenmeister oder Ehrwürdige, der die Sitzungen leitet, im Westen der Tempelhüter, für die Deckung der Loge verantwortlich. Im Norden sitzen die Lehrlinge; sie haben während ihrer Lehre zu schweigen. Im Süden sind die Gesellen zu finden. Die Meister dürfen an jedem beliebigen Ort Platz nehmen. Die Lehrlinge und die Gesellen arbeiten jeweils unter der Leitung des Zweiten und des Ersten Aufsehers. Überall wird die Logenarbeit um „Hochmittag" begonnen und um „Hochmitternacht" beendet. Selbstverständlich handelt es sich dabei um symbolische Zeitangaben – zum Zeichen, daß bei der Logenarbeit das Alltägliche abgelegt wird, um einen Moment der Zeitlosig-

keit erleben zu können. Überall ist die Decke des Tempels mit einem Sternenhimmel verziert. Dies deutet auf die Vermittlerfunktion des Tempels zwischen Mensch und Universum hin. Jeder tritt, mit einem Schurz und mit Handschuhen bekleidet, ein und arbeitet symbolisch mit den Werkzeugen des Erbauers: Winkelmaß, Zirkel, Maßstab, Hebel, Setzwaage, Senkblei, Kelle.

Der Bruder (oder die Schwester), der (die) das Wort ergreift, richtet sich – und das ist wichtig – stramm stehend an den Meister vom Stuhl und darf erst unterbrochen werden, nachdem er (sie) durch die Worte „Ich habe gesprochen" selbst das Ende seiner (ihrer) Rede signalisiert hat.

Die Verschiedenheit der Riten manifestiert sich in der Einrichtung des Tempels, in den Texten der Rituale, die die Aufnahmezeremonien und den Ablauf der Sitzungen beschreiben, und in den Zugangsmodalitäten zu den verschiedenen Logenämtern. Der wichtigste Unterschied liegt in den Erkenntnisstufen nach dem Meistergrad.

Die zwei Säulen Jakin und Boas, die am Eingang zum Tempel stehen, sind je nach Ritus – Französischer oder Alter und Angenommener Schottischer Ritus – unterschiedlich angeordnet. Im Emulations-Ritus haben die Aufseher jeweils eine kleine Säule auf ihrem Tisch: Wenn ein Aufseher seine kippt, stellt der andere seine Säule auf. Im rektifizierten Schottischen Ritus befindet sich im Inneren des Tempels eine gebrochene Säule mit der Inschrift „adhuc stat" (lat., „Noch steht sie aufrecht"). Im Emulations-Ritus wechseln sich die Ämter Jahr für Jahr automatisch ab. In den anderen Riten hingegen werden die

Beamten gewählt (Meister vom Stuhl, Erster und Zweiter Aufseher, Sekretär, Schatzmeister, Redner, Zeremonienmeister, Großer Experte, Almosenier, Wachhabender). Auch ist es möglich, daß der Meister vom Stuhl von einem Komitee vorgeschlagen oder von der Loge gewählt wird; dann bestimmt er seine Beamten selbst. Die gemischten Logen und die Frauenlogen praktizieren dieselben Riten wie die reinen Männerlogen, mit dem einzigen Unterschied, daß manche Männerlogen keinen Schwestern und manche Frauenlogen keinen Brüdern Eintritt gewähren.

Die Riten unterscheiden sich besonders in den höheren Graden grundsätzlich voneinander. Der Französische Ritus zählt davon sieben, der rektifizierte Schottische Ritus sechs, der Alte und Angenommene Schottische Ritus dreiunddreißig und die Riten von Memphis, Misraim und Memphis-Misraim neunzig bis neunundneunzig. Protokolle zwischen den Riten erlauben Anrechnungen, und ein Freimaurer kann Logen besuchen, die andere Riten praktizieren als er selbst.

Wer sich eingehender mit den Riten beschäftigen will, kann auf viel Literatur zurückgreifen. Obwohl die Freimaurer „gedeckt" arbeiten, also im stillen, bilden sie keinen Geheimbund, sondern einen Modus des kulturellen und sozialen Lebens. Sie empfangen Einflüsse und wirken nach außen.

Die Freimaurerei ist keine Religion. Dennoch endet jede Zeremonie so, wie es bei Religionen üblich ist: durch eine Spende für wohltätige Zwecke in den sogenannten Witwensack. Diese Kollekte (das französische Wort für Kollekte, „quête", bedeutet auch „Suche") faßt den Sinn aller Riten zusammen: die Suche nach der Wahrheit und das Sammeln für das Überleben.

Seit dem 18. Jh. schließen sich Logen föderativ zusammen. Diese Zusammenschlüsse werden „Obedienzen" genannt, ihre Freimaurerei ist die „Moderne Freimaurerei".

Der Text, der die Moderne Freimaurerei begründet, ist ein Werk mit dem Titel „Konstitutionen der Freimaurer", das 1723 anonym herausgegeben wurde und mit James Anderson (1684–1739), Pastor an der Kirche der Schottischen Presbyterianer, in Verbindung gebracht wird. Er wurde mit dem Verfassen beauftragt, seine Arbeit einem Komitee von vierzehn Brüdern vorgelegt und nach einigen Bearbeitungen approbiert. Dieser Text sollte immer dann vorgelesen werden, wenn die Loge neue Brüder empfing.

Im ersten Artikel des Konstitutionenbuches heißt es, daß ein Mensch nach seinem Lebenswandel beurteilt werden soll, und nicht nach seinem religiösen Glauben:

„Der Maurer ist als Maurer verpflichtet, dem Sittengesetz zu gehorchen; und wenn er seine Kunst recht versteht, wird er weder ein stupider Atheist noch ein irreligiöser Libertiner sein. Aber während sich die Maurer der verschiedenen Länder in alten Zeiten zu derjenigen Religion bekennen mußten, die in ihrem Land und Volk galt, halten wir es heute für besser, sie bloß zu der Religion zu verpflichten, in welcher alle Menschen übereinstimmen, und jedem seine besondere Überzeugung zu lassen, das heißt, sie sollen gute und redliche Männer sein, Männer von Eh-

Logenteppich, Erste Kammer des Grades „Rosenkreuzer", Loge von Mons, 19. Jh.

SAGESSE

FOY

ORIENT

SEPTENTRION

MIDI

CHARITÉ

L'OCCIDENT

BEAUTEZ

FORCE

re und Anstand, ohne Rücksicht auf ihr Bekenntnis oder darauf, welche Überzeugungen sie sonst vertreten mögen. Hierdurch wird die Maurerei zu einer Stätte der Einigung und zu einem Mittel, treue Freundschaft unter Menschen zu stiften, welche sonst in ständiger Entfernung voneinander hätten bleiben müssen."

Die Idee, nach der ein Mensch ungeachtet seiner Religion Würde erlangen kann, entspricht einer frühen Tradition der Toleranz und der Geistesoffenheit, die sich der dominierenden Ideologie des frühen 17. Jh. widersetzt. Nach zirka eineinhalb Jahrhunderten der Religionskriege stellte sich ein unsicherer Frieden ein, der auf einer Aufteilung der Nationen zwischen den sich bekämpfenden Strömungen innerhalb des Christentums nach dem Prinzip „cuius regio, eius religio" gründete: Jeder war verpflichtet, die Religion seines Potentaten anzunehmen.

Zur Zeit der Verfassung des Konstitutionenbuches von Anderson herrschten in England und Frankreich Intoleranz und Fanatismus. Hier wurden Katholiken, dort Protestanten verfolgt. Nach der Revolution von 1688 zwangen die Anglikaner – sie befürchteten eine dauerhafte katholische Dynastie mit Unterstützung von Jakob II. – Wilhelm von Oranien und seine Gattin Maria zur Unterzeichnung der „Bill of Rights"(1689): Ein katholischer Fürst oder einer, der eine Katholikin heiratet, verliert den Anspruch auf die Krone. Die Katholiken – damals spöttisch „Papisten" genannt – durften nicht mehr in London residieren und weder Waffe noch Pferd besitzen. Ihre Steuern wurden verdoppelt, auch verloren

sie das Recht, ein Grundstück zu kaufen oder zu erben. Nach dem Tod Wilhelms verschärfte Maria II. den „Test Act" von 1605 und entzog den Katholiken ein Jahr später auch das Recht zu unterrichten.

In Frankreich hatten die Protestanten seit der Aufhebung des Edikts von Nantes ihre Religionsfreiheit verloren. Seit der Erklärung von 1724 war jede Versammlung zur Ausübung einer anderen Religion als der katholischen verboten. Den Protestanten drohte die Todesstrafe, und das Bekenntnis zur katholischen Kirche war für die Bekleidung eines öffentlichen Amtes zwingend.

Intoleranz war Gesetz: Familiäre und religiöse Zugehörigkeit waren Kriterien, um über den Wert eines Menschen zu urteilen. Jeder, Verfolger oder Verfolgter, Herrscher oder Beherrschter, war fest davon überzeugt, im Gegensatz zu den Verstoßenen zu den Auserwählten zu gehören: die Verachtung des anderen nährte die Selbstachtung. Der Verfolgende war nicht nur der Feind des Verfolgten, sondern auch dessen beneidetes Vorbild. Grausamkeit, das Demonstrieren von Macht und die Lust, sie auszuüben, fanden in den Reinheitsphantasmen und im Glauben ihre Rechtfertigung.

Das ist Verleugnen der Realität: Das Lebende entwickelt sich vielfältig und komplex dank der Widersprüche, die gerade deshalb Energie erzeugen, weil sie gegeneinanderwirken. Seit langem finden sich Menschen, die dies wissen und es verlauten – nämlich jene, die den absoluten Vorrang des Individuums vor der Gruppe bekunden, die Identität nicht auf eine bestimmte Zugehörigkeit reduzieren und die für Meinungsfreiheit eintreten.

Betrachten wir die Entwicklung hin zum Konstitutionenbuch von Anderson: 1662 – sechzig Jahre vor dessen Erscheinen – wurde eine akademische Gesellschaft unter dem Namen „Royal Society" gegründet, von der wir später Jean Théophile Désaguliers (1683–1744), 1719 Großmeister der Großloge von England, als sehr aktives Mitglied kennen. Die Gründungscharta dieser Gesellschaft inspirierte die Verfasser des Konstitutionenbuches von 1723, zu denen auch Désaguliers gehörte: „Was die Mitglieder dieser Gesellschaft selbst betrifft, wird festgehalten, daß sie aus freien Stücken Männer von unterschiedlicher Religion, Herkunft und unterschiedlichem Berufsstand angenommen haben. Dies mußten sie tun, andernfalls sie weit unter ihren gesetzten Zielen geblieben wären. Sie bekennen öffentlich, daß sie nicht den Grundstein für eine englische, schottische, irische, papistische oder protestantische Philosophie legen wollen, sondern für eine Philosophie der ganzen Menschheit. Indem sie die Menschen aller Länder miteinander vertraut machten, haben sie große Vorteile für die Zukunft initiiert, da sie ein immerwährendes Verständnis zwischen den Nationen etablieren und aus der Royal Society die Generalbank und den Freihafen der Welt machen werden."

Die Liebe zum Wissen wird immer mit der Liebe zum Leben assoziiert. Diejenigen, die in der Erkenntnis voranschreiten, befreien sich selbst von den archaischen Reflexen und respektieren alle Menschen. Diejenigen, die meinen, daß die soziale Herkunft eine Qualifikation oder eine Disqualifikation bedeutet, sind Ignoranten oder Nutznießer der Ignoranz. Dreißig Jahre vor der Gründung der Royal Society fand der Prozeß gegen Galileo Galilei (Februar 1633) statt. Nochmals dreißig Jahre früher wurde in Rom Giordano Bruno bei lebendigem Leibe verbrannt. Zwischen diesen beiden Vorfällen wurde 1619 Vanino Vanini im Alter von fünfunddreißig Jahren ebenfalls verbrannt, weil er es gewagt hatte, die Religion und die Dogmen zu verspotten. Wie ein Echo des Prozesses gegen Sokrates streiten sich die Stimmen derer, die die Geschichte aufhalten und mit ihrer ein für allemal gültigen Wahrheit in einer ewigen Gegenwart erstarren lassen wollen, mit den Stimmen jener, die die Bewegung erkennen und das Werden feiern – mit einer Wahrheit, die immer wieder zu suchen ist. Die Anhänger einer schon verkündeten Wahrheit zwingen den anderen ihre Überzeugungen gewaltsam auf und genießen die Lust an der Macht. Sie sprechen von der Liebe und töten in ihrem Namen und im Namen einer besseren Zukunft.

Diese Wahrheit kann sich als religiöse, politische, philosophische oder sogar als eine wissenschaftliche bezeichnen. Unter der Aufsicht eines autoritären Apparats – Klerus, Mandarinat – erweist sie sich aber immer als eine totale, totalisierende und totalitäre. Von den freiwilligen oder erzwungenen Anhängern wird Unterwerfung ausdrücklich verlangt.

Die dogmatische Geisteshaltung leugnet die werdende Realität und kann als pathologisch bezeichnet werden. Doch wie jedem Gift ein Ge-

gengift entspricht, antworten ihr andere Stimmen, um an die Realität mit ihren Verheißungen und Bedrohungen zu erinnern.

Wenn wir das Rad der Zeit nur ein wenig zurückdrehen, begegnen wir einigen Gärtnern der Rose: Comenius, Francis Bacon, Campanella. In Florenz treffen wir einen alten Griechen, Plethon genannt, „fast ein zweiter Platon", wie Marsilio Ficino ihn bezeichnete. Dieser Mann gründete die Platonische Akademie zu Florenz, die zwei Jahrhunderte vor der Royal Society Wissenschaftler und Gelehrte, Künstler, Poeten, Mediziner, Astronomen und Altphilologen versammelte, um Gespräche über den Menschen und die Polis zu führen und sich unter einer interdisziplinären Perspektive großen Themen anzunähern. Plethon sagte: „Jede Religion ist ein Splitter des zerbrochenen Spiegels der Aphrodite."[1]

Die Tradition der Toleranz und der Geistesoffenheit geht aber noch weiter zurück. Sie wird beseelt von den wahren Mystikern, das heißt von Menschen, die bereit sind, sich selbst in Frage zu stellen. Man begegnet ihnen sowohl bei den Christen (Rheinmystiker) als auch bei den Moslems (Sufis) und bei den Juden (Kabbalisten).

Diese Mystiker wurden von den Institutionen und dem Klerus, dem sie angehörten, skeptisch betrachtet. Institutionen brauchen devote Anhänger und keine Mystiker, denn ihr Ziel ist die Macht und nicht die Wahrheit. Und wir können noch weiter zurückgehen, bis zu jenen Propheten in der Bibel, die Könige und Hohepriester geißelten und das Volk aufrüttelten, das sich in angenehmer Gewißheit wiegte.

Dies ist die Tradition, auf die die Freimaurerei zurückgreift, und in der die maurerischen Gründungstexte von den Alten Pflichten bis zum Konstitutionenbuch eingebettet sind.

III. OPERATIVE UND SPEKULATIVE FREIMAUREREI

Einer von vielen Historikern verbreiteten Meinung zum Trotz kann man heute davon ausgehen, daß sich die spekulative Freimaurerei nicht aus der operativen Freimaurerei ableitet. Im 17. und 18. Jh. ließen sich die Freimaurer von den Riten und vom Brauchtum des Gesellentums inspirieren, um zu einer Struktur, einer Organisation und einer Symbolik zu finden, die einem bestimmen Ziel dienen sollte: Personen zu empfangen, die sich durch ihre Herkunft und auch in ihren Meinungen unterschieden, und ihnen zu ermöglichen, an einem gemeinsamen Bauprojekt zu arbeiten – der Errichtung eines Tempels für alle Menschen. Anstatt einer Abstammung kann man von einer Adaption der Symbolik und Struktur der operativen Maurer durch wißbegierige Männer sprechen, die den Wunsch hatten, sich auszutauschen und gemeinsam zu arbeiten.

Die Symbolik der Werkzeuge der Erbauer ermöglicht die Vernetzung der diversen Erscheinungsformen des Wissens.

---

1 D. Béresniak: *Les Premiers Médicis et l'Académie platonicienne de Florence.* Détrad, Paris 1985.

Ineinander verschlungen das Winkelmaß und der Zirkel,
in der Mitte der Buchstabe „G" für Geometrie

DER KALENDER

DIE DATIERUNG DES URSPRUNGS

DER TEMPEL IST DAS BILD DER WELT, UND DER BEGINN DER WELT SETZT DIE ZEIT FEST. DER BEGINN DER FREIMAURERISCHEN ZEITRECHnung fällt sinnbildlich mit dem Anfang des Universums zusammen, mit jenem Augenblick der Schöpfung, der als „Jahr des Wahren Lichts" oder „anno lucis" bezeichnet wird. Die englischen Freimaurer folgen dieser Chronologie. Sie geht auf den anglikanischen Prälaten James Usher zurück, der im Jahr 1580 in Dublin geboren wurde und um 1650 die „Annalen des Alten und des Neuen Testaments" herausgab.

Usher meinte, die biblische Chronologie würde im Jahr 4004 v. Chr. beginnen. Das Konstitutionenbuch des James Anderson (Stiftungstexte der Modernen Freimaurerei im 18. Jh., 1723 erschienen, u. a. 1738 überarbeitet) übernimmt diese Zeitrechnung, wenn auch mit geringfügigen Varianten. Im frühen 18. Jh. wurde sie von den verschiedenen englischen Kirchen allgemein anerkannt.

Die maurerische Datierung fügt also der christlichen Zeitrechnung, auch „ère vulgaire" genannt, viertausend Jahre hinzu. Somit entspricht sie – bis auf drei Jahrhunderte – der in ihrer heutigen Form auf das 4. Jh. v. Chr. zurückgehenden jüdischen Zeitrechnung, welche ebenfalls die Jahre seit der biblischen Weltschöpfung zählt.

Das maurerische Jahr beginnt für gewöhnlich im März. Diese Tradition wird vor allem in Frankreich beobachtet. Der 10. April 1996 heißt demnach: „Der zehnte Tag des zweiten Monats des Jahres 5996 des Wahren Lichts." Früher bezog man sich auf die hebräischen Monate. Diesem Brauch wird aber heutzutage, wenn man von einigen Logen des Schottischen Ritus absieht, nicht mehr Folge geleistet.

Maurer des Alten und Angenommenen (A. u. A.) Schottischen Ritus halten sich nämlich, vor allem im Grad des *Kadosch-Ritters*, an die hebräischen Monate und verwenden einen Kalender, welcher der jüdischen Zeitrechnung, dem „anno hebraico" oder „anno mundi" folgt. Dieser Kalender beginnt Mitte September und fügt dem Gregorianischen Kalender 3760 Jahre hinzu.

Im Grad des *Ritters des Königlichen Gewölbes* legt man das Datum des Ursprungs mit dem Baubeginn des zweiten Salomonischen Tempels durch Zerubabel (530 v. Chr.) fest. Dieses Jahr wird „anno inventionis" genannt.

Beim Grad *Royal and Select Masters*, der vor allem in England und in den USA vorkommt,

Die Freimaurerei fügt der christlichen Zeitrechnung 4000 Jahre hinzu, um den maurerischen Datierungen einen heiligen Charakter zu verleihen.

Nous Officiers et Membres de la R∴ L∴ L[a]
Francaise S∴ Joseph des Arts regulierement constit[uée]
aux E∴ R∴ L∴ L∴ Regulieres repandües sur la surfa[ce]
de la Terre : par le nombre Mistérieux, Déclarons et
attestons à tous les hommes qui connoissent la vraye
Lumière, que le S∴ François Vidal natif de Foi[x]
à été successivement reçu par nous Aprenti, Compagn[on]
Maître Macon ; que son Zelle pour nos travaux [et]
ses [...], l'ont rendü recommandable et cher[à]
tous les Freres ; En foi de quoy nous luy avons d[onné]
[...] qu'il a signé avec nous et devant nous et [...]
[...] Surprize, nous luy avons fait aposer le Sceau de[...]
[...] notre Architecture, affin qu'il recoive de tous les Frere[s]
Toye Satisfaction & Bon accüeil ; leur offrant le récipro[que]
en pareil Cas : fait et délivré en Loge regulierement
assemblé ; A l'O∴ d[e] Toulouse le 30ème Jour
du Sixième Mois de l'an de la vraye Lumiere
5789 Ere vulgaire le 30° Aoust
1789 ∴

wird der Anfang mit der Widmung des Salomonischen Tempels, also 1000 v. Chr. datiert. Dieses Jahr bezeichnet man als „anno depositionis".

In den Templer-Graden, die von der Strikten Observanz – einem in den germanischen Staaten des 18. und 19. Jh. beobachteten Ritus – abstammen, beginnt die Zählung mit der Gründung des Tempelordens, also ab 1118 n. Chr. Es ist dies das „anno ordinis". Berühmte deutsche Freimaurer wie Goethe, Lessing, Herder und Wieland gehörten diesem Ritus an.

Während der Französischen Revolution verwendeten die französischen Logen, die im Jahre 1793 noch tätig waren, den von dem Freimaurer Charles Gilbert Romme (1750–1795) entwickelten Revolutionskalender.

Im Laufe seiner Reise entledigt sich der Freimaurer seiner profanen Bekleidung und läßt sich von historischen und legendären Persönlichkeiten mit Licht-Gewändern bekleiden. An jedem von ihm besuchten Ort gibt es eine Zeit und eine Dimension des Tempels, die mit einem bestimmten Ursprung verbunden ist; dieser wiederum entspricht einem spezifischen Vorhaben. Die alttestamentarische Tradition sieht den Mensch als Partner des Schöpfers. Die Genesis (1 Mos 2,2–3) führt an, daß der Ewige den siebten Tag segnete und heiligte, „weil er an ihm ruhte von allen seinen Werken, die Gott geschaffen und gemacht hatte" („acher bara Elohim la' asoth"). Ferner heißt es hier, daß der Mensch zu machen sei und, einmal erschaffen, „in den Garten Eden gesetzt wird, damit er ihn bebaue und erhalte" (1 Mos 2,15).

In der jüdisch-christlichen Gesellschaft übernehmen die Erbauer diese biblische Darstellung einer immerwährenden Schöpfung und definieren so ihre Mission: die Weiterführung des vom Allmächtigen Baumeister aller Welten begonnenen Werkes. Da sie sich als Erben einer zu erbauenden Welt verstehen, sehen sie in der Gründung dieser Welt den naturgemäßen Anfang der Zeit – einen Anfang, den der jüdische Kalender am besten allegorisiert und symbolisiert. Üblicherweise fügen die Freimaurer schon vom ersten Grad an – dem des Lehrlings – der christlichen Zeitrechnung 4000 Jahre hinzu. Damit verbinden sie sich symbolisch mit dem „Wahren Licht", das die Fundamente eines Werkes beleuchtet, das noch zu vollenden ist.

Es macht Sinn und regt das Denken an, wenn die Datierung der Ursprünge als symbolisch betrachtet wird – das heißt eine zu bestimmende Realität mit dem Wunsch zu verbinden, sie als bestimmt zu erleben.

Freimaurerischer Kalender, der sich an den Mondkalender anlehnt.

CALENDRIER MAÇONNIQUE
POUR LE 19ᶜ SIÈCLE.

MOIS	ANNÉES SOLAIRES.	
LUNAIRES.	1820 *. 1839. 1858. 1877. 1896 *.	1821. 1840 *. 1859. 1878. 1897.
NISAN	16 Mars.	5 Mars.
JIAR	14 Avril.	4 Avril.
SIVAN	14 Mai.	3 Mai.
THAMOUZ. . .	12 Juin.	2 Juin.
AB.	12 Juillet.	1ᵉʳ Juillet.
ELOUL	10 Août.	31 Juillet.
THISCHRI. . . .	9 Septembre.	29 Août.
MARHHESCHVAN.	8 Octobre.	28 Septembre.
CHISLEV	7 Novembre.	27 Octobre.
TEVETH.	6 Décembre.	26 Novembre.
SCHEBAT	5 Janvier.	25 Décembre.
ADAR.	4 Février.	24 Janvier.
VEADAR.		22 Février.
Nombre d'Or.	16.	17.
Cycle hébraïque.	13.	14.

DIE VORBEREITUNGS-KAMMER

SICH AUF EINE REISE VORBEREITEN

DER VORBEREITUNGSRAUM, AUCH „DUNKLE KAMMER" GENANNT, IST EIN ENGER RAUM, IN DEM DER KANDIDAT VOR DER AUFNAHME-zeremonie eine Zeitlang alleinbleibt. An einem Tisch sitzend verfaßt er sein „Philosophisches Testament", eine Niederschrift seiner weltan-schaulichen Überzeugungen, die dann in der Loge vorgelesen wird.

Das ist ein Brauch, der in ähnlicher Form immer schon Bestandteil verschiedenster Ein-weihungsriten auf der ganzen Welt war. Die Iso-lierung in einer Hütte oder in einer Höhle kenn-zeichnet den Beginn eines Rituals, in dessen Ver-lauf symbolisch eine Verwandlung durchlebt wird. Der Suchende wird von seiner Familie ge-trennt, seine Isolation symbolisiert den Tod. Auf solche Weise erfährt er einen Bruch, der die Vor-bereitung zu einer grundsätzlichen Metamor-phose darstellt – wie sie etwa die Puppe im Ko-kon durchläuft. Der Vorbereitungsraum ist die moderne Form der antiken Initiationshütte.

Alleingelassen, einen Bleistift in der Hand, ein Blatt Papier vor sich, betrachtet der Kandidat die Inneneinrichtung des vom Licht einer Kerze beleuchteten Vorbereitungsraums: ein Toten-schädel, Gebeine, ein Stück Brot, ein Krug mit Wasser, eine Sanduhr, eine Untertasse mit Salz,

eine andere mit Schwefel. An der Wand Zeich-nungen: ein Hahn, eine Sense, das Wort „Vitriol" und die Aufforderung nach Einsicht: „Visita interiora terrae, rectificando invenies occultum lapidem" („Erforsche das Innere der Erde, und indem Du dich läuterst, wirst Du den Verbor-genen Stein finden").

Die Gegenstände der Höhle sind die Sym-bole der Alchemie. Sie befinden sich somit in einer Tradition, die sämtliche Metaphern ent-hält, die wir benutzen, wenn wir heute von Ver-wandlungen berichten: Das Salz, durch Ver-dampfen aus dem Wasser gewonnen, steht für das Feuer, das vom Wasser befreit wurde. Was den Schwefel betrifft, so waren sich die Alchimisten einig: es bedeutet für den Körper, was die Sonne für die Welt bedeutet. Salz und Schwefel als Paar symbolisieren die Ambivalenz von Leben und Tod, von Licht und Schatten.

Der Durchgang durch das Vorbereitungs-zimmer wird „Probe der Erde" genannt. Die erste Lektion, die sich der Suchende zu verinnerlichen hat, lautet: Nichts ist an sich schlecht oder gut. Erst die Art der Anwendung macht eine Sache zu einem von beiden. Zwar geschieht dies im In-tellekt, doch ist dieses Wissen ungenügend. Die Funktion der rituellen Zeremonien, der Mythen

Vor der Aufnahmezeremonie sitzt der Kandidat in der Vorbereitungskammer, meditiert und schreibt sein philosophisches Testament.

und der Symbole ist es, den Übergang vom Wissen zur Erkenntnis zu erleichtern, das heißt, vom Konzept zum Erlebten zu gelangen.

Die Sanduhr erinnert an den Lauf der Zeit, das Brot an den Übergang vom Rohen zum Gekochten, das Wasser an die Fruchtbarkeit. Das Wissen wird auf die Probe gestellt – nicht, um die ontologische Qualität zu vergrößern, sondern um sie zu verändern. Nicht, um eine Vase zu füllen, sondern um Feuer zu entfachen, wie Montaigne es ausdrückte. Der Hahn kündigt die Ankunft des Lichts an und wird mit Merkur–Hermes assoziiert – der einerseits die Grenzen zieht, andererseits aber hilft, diese zu überschreiten.

Die Sense als Werkzeug für die Ernte erscheint erst seit dem 15. Jh. In den Händen des Skeletts ist sie das Symbol des Todes. Ihr Bild stützt und illustriert die Botschaft der anderen Symbole: Der Tod im Pflanzenreich ist die Quelle des Lebens für das Tierreich.

Die Symbole lenken die Aufmerksamkeit des Neuaufgenommenen auf die Notwendigkeit, die Realität zu erkennen, so wie sie ist, und sich von den Phantasiebildern zu befreien. Die „Probe der Erde", die erste Prüfung, zeigt den Weg: Es gilt, das Wort „oder", samt dem Verhalten, das es hervorruft, durch das Wort „und" zu ersetzen.

Energie ist die Frucht sich widersprechender Kräfte, das heißt solcher, die einander widerstehen. Beim Menschen heißt die Energie Spannung. Im Überfluß vorhanden, ist sie tödlich. Tödlich ist aber auch, wenn es an ihr mangelt: erst ein Mittelmaß macht das Leben möglich.

Die Königliche Kunst, früher eine Bezeichnung für Alchemie und heute von der Freimaurerei übernommen, wird als „Kunst der Goldenen Mitte" dargestellt.

Die in den maurerischen Ritualen oft wiederholte Einladung „Verstreutes zusammenzulegen" versöhnt die Widersprüche, indem sie diese als komplementäre Gegensätze betrachtet. Jeder verspürt sowohl das Bedürfnis, sich anzupassen, als auch jenes, hervorzustechen, sich anzusiedeln und gleichzeitig woanders zu sein, zu glauben und zu zweifeln. „Oder" durch „und" zu ersetzen bedeutet, die Legitimität der Widersprüche anzuerkennen, also jene Ambivalenz, die Chaos und Ordnung, Turbulenz und Ruhe miteinander verbindet.

Man betrachte die Konflikte zwischen den Menschen als Widerspiegelung der Konflikte, die im Innern eines jeden vor sich gehen. Sosehr auch die Realität als Halbdunkel und als Werdendes zu erkennen ist, so kann sie doch nur durch Worte erkannt werden: sie ist nur das, was man über sie sagen kann. Die Symbolik zeigt, wie es dem Wort möglich wird, Formen zu erschaffen, die sich in den Mythen ansiedeln. Mythen sind Phantasiegeschichten, die den realen Geschichten gleichen, weil sie von den Wegen erzählen, welche die Wünsche zur Idee führen.

Die Vorbereitungskammer ist der Ort, an dem die Erkundung dieser Wege beginnt. Das Brot, das Salz, die Sanduhr, der Hahn, die Sense sind Formen, die zusammenwirkend das Erkunden stimulieren.

Ein Totenschädel und zahlreiche Symbole der Alchemie begleiten den Kandidaten bei der „Probe der Erde".

KAPITEL 3

DER SALOMONISCHE TEMPEL

DAS BILD EINER BRUDERSCHAFT

IM COOKE-MANUSKRIPT (1410), EINER DER ÄLTESTEN BISHER BEKANNTEN HANDSCHRIFTEN, DIE DIE FREIMAUREREI ERWÄHNT, IST ZU lesen: „Den unter König David begonnenen Tempel errichtete König Salomon mit Hilfe von 80.000 Maurern ... Salomon bekräftigte die Pflichten, die sein Vater David den Maurern auferlegt hatte. Salomon unterrichtete sie selbst in ihren Bräuchen und Methoden, die sich von den heutigen kaum unterscheiden."

Die „Operativen" oder Maurer sahen in diesem Text einen Bericht historischer Gegebenheiten. Sie dachten, ihr Beruf gehe auf König Salomon zurück, der selbst die Regeln auferlegt habe.

Der Bau des Salomonischen Tempels ist jedoch nicht immer schon die Bezugslegende der Freimaurer gewesen. Zuvor hatte der Turmbau zu Babel diese Rolle inne. Das Regius-Manuskript, zwanzig Jahre älter als jenes von Cooke, führt König Nimrod, den Erbauer des berühmten Turms, als „ersten und exzellenten Großmeister" an. Er – und nicht König Salomon – habe den Maurern ihre ersten „Verpflichtungen", ihre Lebens- und Berufsregeln erteilt.

Lange Zeit wurden König Salomon und König Nimrod als „Gründungsväter" angeführt.

1756 sagt ein unter dem Namen „Thistle" bekannter, berühmter maurerischer Text, daß Nimrod „Maurer machte" und „ihnen Zeichen und Wörter gab, auf daß sie sich vom Rest der Menschheit absondern können ... Zum ersten Mal organisierten die Maurer ihren Berufsstand."

Im ausgehenden 18. Jh. hörten die Freimaurer auf, ihren Ursprung auf den Turmbau zu Babel zurückzuführen. Von nun an erkannte man in Salomon den einzigen „ersten Großmeister".

Freimaurerische Texte des 18. Jh. unterrichten uns über Vorstellungen und Brauchtümer, die zur Zeit des Übergangs von der operativen oder Werkfreimaurerei zur spekulativen Freimaurerei vorherrschend waren. Man nennt diese Schriften die „Ältesten Katechismen" („early catechisms"). Sie nehmen Bezug auf den „Orbis Miraculum" von Samuel Lee sowie auf den „Solomon's Temple spiritualiz'd" von John Banyan, die in einer Zeit erschienen, in der sich die Freimaurerei von ihrer operativen Form löste und spekulativ wurde. Die spekulativen Freimaurer, sehr darauf bedacht, die gesellschaftliche Ordnung zu wahren und die Machthaber zu beruhigen, distanzierten sich endgültig von den „Zunftsagen", die den Turm zu Babel verehren –

Logentafel, 18. Jh., Illustration einer Legende: König Hiram und König Salomon werden von einem neugierigen Dritten überrascht.

ein heidnisches Gebäude, das in offener Herausforderung an und in den Himmel errichtet wurde. Dem faustischen und prometheischen Rebellen Nimrod zogen sie, wie es in „A Mason Examination" (1723) heißt, „unseren weisen König Salomon" vor, Salomon, den „Großmeister der Maurerei und der Architektur seiner Zeit ..."

Am deutlichsten kommt der Bruch mit der Tradition in einem Katechismus aus dem Jahre 1725 zum Ausdruck, „The Whole Institutions of Free-Masons, Opened", worin man lesen kann: „Wir unterscheiden uns von den Babyloniern, die ihre Bauten bis zum Himmel reichen zu lassen gedachten, doch bitten wir die Heilige Dreifaltigkeit, uns zu erlauben, das Wahre, das Höhere und das Gerechte zu erbauen, zum Ruhme desjenigen, dem Ruhm gebührt". Das Graham-Manuskript (1726), das heute von Freimaurern, die sich auf „authentische Tradition" berufen, immer wieder angeführt wird, übernimmt diese Formulierung beinahe Wort für Wort.

Der Salomonische Tempel ist aber auch Schauplatz des Mordes an dem Baumeister Hiram. Der „weise König Salomon" inspirierte Francis Bacon, dessen „Nova Atlantis" die Gründung der Royal Society beeinflußte, jener im Jahre 1662 gegründeten akademischen Gesellschaft, die den „Glauben der Freimaurer" verbreitete. Dieser „Glauben" beruht auf zwei Grundprinzipien:

– Alle Menschen sind Brüder und sollen nach ihrer Redlichkeit und nicht nach ihrer religiösen Angehörigkeit beurteilt werden.

– Die Unwissenheit ist Ursache für das Übel unter den Menschen. Die Erlösung der Menschheit wird durch das Wissen erfolgen.

Jean Théophile Désagulier (1683–1739), befreundet mit Newton und gemeinsam mit Anderson Verfasser der Charta der Modernen Freimaurerei („Die Konstitutionen von Anderson", erste Fassung 1723), war ein sehr aktives Mitglied der Royal Society. Er war Großmeister der Großloge von England und befürwortete als solcher eine, über andere offenbarte Kulte erhabene, „natürliche Religion". Als Sohn eines Pastors aus La Rochelle, der nach der Aufhebung des Edikts von Nantes (1685) nach England emigriert war, hatte er die verheerenden Wirkungen eines verpflichtenden einheitlichen Denkens am eigenen Leibe erfahren.

Und so ist der Salomonische Tempel, der zerstört, wieder aufgebaut und abermals zerstört wurde, eine Geschichte, welche die „ganze Historie" und alle Einzelgeschichten symbolisiert und zusammenfaßt. Deswegen dient er den Freimaurern als Richtschnur und liefert ihnen eine Fülle von Bildern, die sie zu Reflexionen über den Menschen anregen, über den Ort des Möglichen und über jenen, an dem sich Verheißungen und Gefahren ineinander verschlingen.

Der erste Tempel, der in der Bibel beschrieben wird (1 Kön 6,2), ist der Rahmen des Grades des *Meisters*, des *Geheimmeisters* (vierter Grad des Alten und Angenommenen Schottischen Ritus), des *Geheimen Sekretärs* (sechster Grad), des *Vorgesetzten und Richters* (achter Grad) und des

Tempel der Loge „Les Démophiles" in Tours. Aus der Zeit Napoleons III.

Auserwählten Meisters des heiligen Gewölbes (vierzehnter Grad). Indirekt auf ihn beziehen sich der *Royal Arch* (Englischer Ritus) und der dreizehnte Grad des Schottischen Ritus: Ihre Legenden erzählen von drei Architekten, die beim Bau des Salomonischen Tempels auf die Spuren eines älteren Tempels stießen. Dieser wurde Enoch zugeschrieben; in seinen Ruinen leuchtete ein Dreieck.

Der zweite Tempel, von Zerubabel vor der Gefangenschaft in Babylon erbaut, bildet den Rahmen der Kapitelgrade, von denen der erste als *Ritter vom Osten* oder *des Degens* (fünfzehnter Grad des Alten und Angenommenen Schottischen Ritus) bezeichnet wird.

An all diesen Orten erlebt und verinnerlicht der Suchende Rollen und erprobt sich in den Erfahrungen, die historische oder sagenhafte Persönlichkeiten erlebt haben.

DIE BRUDERKETTE, DIE GESCHLUNGENE SCHNUR UND DIE LEMNISKATE

Die Logentafel des Lehrlingsgrades sowie die Wände des Tempels sind von einer geschlungenen Schnur umrahmt, wobei die Umrahmung des Tempels nicht durchgängig ist. An jedem ihrer Enden befindet sich auf der Höhe der zwei Säulen eine Quaste. Als Werkzeug des Maurers dient die Schnur dazu, die Winkel und die Geraden zu ziehen; der Raum zwischen den Knoten symbolisiert die Maßeinheit.

Die Schlingen der Schnur sind nicht festgezogen. Als liegende Acht bilden sie eine Lemniskate (griechisch „lemniscatas", Band, Schleife), eine geometrische Figur, die an das mathematische Zeichen für Unendlichkeit erinnert. Die Lemniskate erlaubt interessante symbolische Spekulationen: Die Fläche einer Schlinge entspricht der Fläche eines Quadrats, dessen Seite gleich lang wie der Durchmesser ihres Inkreises ist. Sie stellt somit den Übergang vom Quadrat zum Kreis dar.

Die Eigenschaften der Lemniskate wurden von Bernouilli (1654–1705) untersucht, dessen Arbeiten auf jenen von Cassini (1625–1712) beruhen, seines Zeichens erster Direktor des Pariser Observatoriums und Entdecker der beiden Saturnmonde. Die Lemniskate nämlich zeichnet die Bewegung der Planeten um die Sonne ab, so, wie sie von der Erde aus gesehen wird; tatsächlich aber folgen die Planeten einer elliptischen Bahn.

Diese Überlegungen zur Beziehung zwischen Schein und Wirklichkeit sind Teil des Übergangs vom Wissen zur Erkenntnis.

Die drei Säulen mit ihren ionischen, dorischen und korintischen Kapitellen versinnbildlichen Weisheit, Stärke und Schönheit.

KAPITEL 4

DAS MUSIVISCHE PFLASTER

EINE WELT IN SCHWARZ UND WEISS

DAS MUSIVISCHE PFLASTER BESTEHT AUS SCHWARZEN UND WEISSEN QUADRATEN, WELCHE SCHACH- ODER DAMEBRETTARTIG angeordnet sind. Am Boden im Zentrum der Loge lädt es zu einer Reflexion über das Widersprüchliche und Komplementäre ein. Üblicherweise wird Lehrlingen zu diesem Thema eine Arbeit aufgegeben.

Maurerische Texte aus dem 18. Jh. sprechen vom musivischen Pflaster als dem Pflaster Mose und nennen es den „wunderbaren Boden der Loge". In Prichards „Masonry dissected" (1730) wird es sowohl als Fußboden einer Loge als auch als Tempelboden bezeichnet. Andere Texte nennen es „den Fliesenboden, auf dem der Hohe Priester im Salomonischen Tempel schritt". Das ist jedoch eine zweifelhafte Aussage, da das musivische Pflaster nicht hebräischen Ursprungs ist.

Der Begriff ist erstmals für das 1. Jh. v. Chr. nachweisbar. Er bezeichnete römische Mosaike, die Brunnen sowie Grotten schmückten. Diese Orte waren den Musen gewidmet. Man bezeichnete sie als „musaea" und, davon abgeleitet, ihr Ornament als „musium Opus", kurz „mussinum". In weiterer Folge entwickelte sich die Bezeichnung „Mosaik" – wovon wohl auch die Verwechslung mit Moses herrührt.

Früher wurde die Logen- oder Arbeitstafel auf den Boden gezeichnet. Heute ist sie eine bemalte Leinwand, die bei der Eröffnung der Sitzung aufgelegt wird. Daher wird sie auch „Tapis" oder Teppich genannt. Sie zeigt alle maurerischen Gegenstände des Tempels: zwei auf ihrem Kapitell mit einem Granatapfel gekrönte Säulen, dazwischen einen rauhen Stein, einen kubischen Stein mit einer Spitze, den Mond und die Sonne, das Winkelmaß und den Zirkel, das Senkblei, die Setzwaage, den Hammer und den Meißel sowie das Reißbrett. Sie alle werden von der geknoteten Schnur umgrenzt. Bei dieser Beschreibung handelt es sich um die Gesellentafel der französischen Logen; die verschiedenen Tafeln zeigen aber auch hier – je nach Graden und Riten – Unterschiede.

DAS REISSBRETT

Das Reißbrett auf der Logentafel zeigt die Figuren, mit denen die Buchstaben des maurerischen Alphabets dargestellt werden.

Jeder Grad benutzt einen Tapis, der die verschiedenen Symbole des Grades zeigt.

KAPITEL 5

König Salomons Stuhl

Ein Stuhl für das Wort

„SO GING KAIN … JENSEITS VON EDEN, GEGEN OSTEN." HIER ERKANNTE KAIN SEIN WEIB UND BAUTE EINE STADT (VGL. 1 MOS 4,16). IM Osten, dort, wo das Licht entspringt, wurde der erste aller Verbrecher zum ersten aller Erbauer.

Diese Tatsache wirkt störend und zwingt zur Reflexion. Sie regt das Fragen an und begründet so die Geschichte, die Geschichte der Geschichten. „Lux ex Tenebris" – eine den Freimaurern wohlbekannte Formulierung. Die Finsternis trägt das Licht in sich. Der Erbauer gebärt es.

Der letzte Nachkomme der Sippe Kains ist Tubal Kain, laut der Etymologie seines Namens, ist der große Schmied des Universums. Der Schmied ist der Wissende: Er beherrscht die vier Elemente, Erde, Wasser, Feuer, Luft. Er gräbt im Bauch der Erde, entnimmt ihr das Erz und stellt damit das Werkzeug und alles andere her, was er benötigt, um König zu werden. Er übt die Königliche Kunst aus, das heißt die Kunst, ein freier Mann zu werden – der fähig ist, sein Schicksal zu wählen und den Rahmen seiner Autonomie zu erweitern.

Man eröffnet die Sitzung durch das Anzünden von Kerzen oder Lichtern. Dadurch wird die Loge sanft beleuchtet und nicht mit einem Sonnenlicht überströmt, das so stark blenden würde, daß es der Dunkelheit gleichkäme. Die Kunst liegt in der Dosierung. In der Loge herrscht Halbdunkel. Schatten und Licht spielen zusammen, und jeder kann die Sterne sehen.

Die folgenden Verse von Goethe kommen also zur rechten Zeit. Goethe war Freimaurer und Poet, und wir wagen zu sagen: Die Worte „Poet" und „Freimaurer" müßten Synonyme sein.

Nicht mehr bleibest du umfangen
In der Finsternis Beschattung,
Und dich reißet neu Verlangen
Auf zu höherer Begattung.

Keine Ferne macht dich schwierig,
Kommst geflogen und gebannt,
Und zuletzt, des Lichts begierig,
Bist du Schmetterling verbrannt.

Und solang du das nicht hast,
Dieses: Stirb und werde!
Bist du nur ein trüber Gast
Auf der dunklen Erde.[1]

Der Stuhl des Ehrwürdigen Meisters, Vorsitzender der Logenarbeit

Der Osten bezeichnet den Sitz der Loge. So ist der Osten einer jeden Stadt, in der die Freimaurer arbeiten, mit dem Osten von Eden verbunden – mit jenem Ort also, an dem der Bibel nach die erste Stadt erbaut wurde.

Die Loge ist von West nach Ost orientiert. Im Westen tritt man ein, im Osten, gegenüber der Eingangstür, sitzt der „Meister vom Stuhl", auch „Logenmeister" genannt. Da die Loge den Tempel Salomons symbolisiert, sitzt der Logenmeister auf dem „Stuhl Salomons".

„Eine gerechtere Gesellschaft ist zugleich auch eine aufgeklärtere", so lautet das Vorhaben des Maurers. Zahlreiche Texte des 18. Jh. bezeichnen die Unwissenheit als Hauptquelle allen Übels. Aufklären im Sinne von beleuchten heißt unterrichten und Bücher verbreiten: Alexander Puschkin und seine Logenbrüder der Loge „Ovid" gingen nach jeder Logensitzung in die Armenviertel der Stadt, um Bücher – das Brot des Geistes – zu verteilen.

Die Weltansicht der Aufklärung ist humanistisch: Jeder Mensch hat das Recht, glücklich zu sein. Jeder kann sein eigenes Schicksal wählen, wie und als wer auch immer er geboren worden sein mag. Alle Strömungen, die sich im 18. Jh. auf die Aufklärung berufen, teilen die Grundidee, daß der Mensch zur Vervollkommnung fähig ist. Andersons Konstitutionenbuch schlägt vor, die Menschen durch die Ausübung einer Religion zu vereinen, „in der alle Menschen darin übereinstimmen: gut und redlich, von Ehre und Anstand zu sein." Dieser Text impliziert die Idee einer „natürlichen" Moral, verbunden mit der Vision einer guten und wohlwollenden Natur. Die Naturauffassung der Aufklärung wird etwa in der Malerei Fragonards zum Ausdruck gebracht: Im Schoß von Mutter Natur genießen die Figuren einen Zustand des Glücks, sinnlich und schuldlos. Dort, wo die Natur das Sagen hat, kann es weder Perversion noch das Böse geben. So herrschen die Gefühle über die Ideen: Der Mensch soll nach seiner Handlungsweise und nicht nach seinen ethischen oder religiösen Überzeugungen oder seiner sozialen Herkunft beurteilt werden. Der Humanismus der Aufklärung stellt der Härte des Despotismus und der Barbarei die Sanftheit der Natur entgegen. Die Natur, die „gute Mutter" – eine Formulierung, die an antike Einweihungszeremonien und an Demeter erinnert – widersetzt sich der Hierarchie und der Autorität des Vaters.

Die Gleichstellung von „Natur" und „Mutter" hängt mit dem maurerischen Mythos des Hiram, des Baumeisters des Salomonischen Tempels zusammen. In der Bibel wird er als Sohn einer Witwe vorgestellt, weshalb sich die Freimaurer auch „die Kinder der Witwe" nennen: Zahlreiche Gründerhelden werden als Witwensöhne oder als Söhne einer Jungfrau bezeichnet – die Abwesenheit des Vaters gilt als ein Zeichen des Auserwähltseins und der schöpferischen Qualifikation.

1 Johann Wolfgang Goethe: *Selige Sehnsucht*, Strophe 3–5

Gegenüberliegende Seite: Hammer und Degen als Symbole der weltlichen und der spirituellen Macht
Folgende Doppelseite: Der Mond und die Sonne versinnbildlichen die Kosmogonie
der Loge sowie den Übergang vom Schatten zum Licht.

KAPITEL 6

DAS LICHT

EINE METAPHER FÜR DAS WORT

„LICHT" HAT BEI DEN FREIMAURERN MEHRERE BEDEUTUNGEN. GEMEINSAM ERGEBEN SIE DEN SINN DER VOLLKOMMENHEIT.

I. DAS MAURERISCHE LICHT
Am Ende der Aufnahmezeremonie zum Lehrlingsgrad wird „das Licht empfangen": In jenem Augenblick, in welchem dem Aufzunehmenden die Binde von den Augen genommen wird, erfolgt ein „initiatischer Schock".

II. DIE DREI KLEINEN LICHTER
Die drei kleinen Lichter sind die Sonne, der Mond und der Logenmeister. Dabei regiert „die Sonne den Tag, der Mond die Nacht und der Meister die Loge".

III. DIE DREI GROSSEN LICHTER
Die drei großen Lichter sind das Buch des Heiligen Gesetzes, das Winkelmaß und der Zirkel. Das Buch des Heiligen Gesetzes kann die Bibel sein, aufgeschlagen entweder auf den Seiten des Buches der Könige oder auf der ersten Seite des Johannes-Evangeliums. Es kann aber auch ein anderes Buch sein, ein Buch mit unbeschriebenen Blättern oder das Konstitutionenbuch. Eine französische Loge hat Rabelais' „Tiers Livre"

ausgewählt. Diese Vielfalt hat etwas Beruhigendes; eine Bibliothek ist nie ganz vollständig, das letzte Buch ist stets noch nicht geschrieben. Kein Buch zu haben ist schlimm, doch gibt es Schlimmeres: nur ein einziges zu besitzen, und ihm absolute Gültigkeit zuzuschreiben.

IV. DIE LICHTER DES ATELIERS
Im Französischen und Schottischen Ritus werden der Meister vom Stuhl, die zwei Aufseher, der Redner und der Sekretär die „Lichter des Ateliers" (der Loge) genannt. Manchmal bezeichnen die „drei großen Lichter" auch den Logenmeister und die zwei Aufseher.

Auf die Lichtsymbolik im Zusammenhang mit dem Humanismus der Aufklärung wurde im Kapitel „König Salomons Stuhl" bereits eingegangen. Im Memphis-Misraim-Ritus wird der Tempel vom „Licht aus Ägypten" beleuchtet. Das „Licht der Freiheit" wird im Dreißigsten Grad des Alten und Angenommenen Schottischen Ritus erwähnt, dem Grad des *Großen Auserwählten Ritter Kadosch*. In Belgien bezeichnet man die Sonne, den Mond, den Flammenden Stern und den Sternenhimmel als „die Astrallichter".

Die Kerzen des dreiarmigen Leuchters werden beim Eröffnen der Logenarbeit angezündet.

KAPITEL 7

DAS BUCH DES HEILIGEN GESETZES

SYMBOL DES ERSTEN
GROSSEN LICHTS

MIT DEM „BUCH DES HEILIGEN GESETZES" MEINT MAN FÜR GEWÖHNLICH DIE BIBEL, AUFGESCHLAGEN IM BUCH DER KÖNIGE oder auf der ersten Seite des Johannes-Evangeliums. Dieses beginnt mit dem Satz „Am Anfang war das Wort". Je nach Religionszugehörigkeit des Aufzunehmenden kann das Buch, auf das der Eid gesprochen wird, auch der Koran, die Bhagavadgita, der Zend-Awesta, das Daodejing oder das Konstitutionenbuch der Freimaurerei sein. Ja sogar ein unbeschriebenes Buch ist möglich.

An dieser Stelle ist es Zeit für eine kleine Geschichte: Ein „Suchender" begab sich auf die Reise, um einen Ort zu finden, an dem ihm das letzte Wort der Weisheit unterrichtet würde. Er fand ihn und blieb, folgte dem Unterricht der Meister, übte sich voller Vertrauen in harter Disziplin, und das über viele Jahre. Als er ein alter Mann geworden war, wollte er nach Hause zurück, um auch seine Familie in die Lehre einzuweihen. Er nahm von seinen Meistern Abschied und bat sie, ihm ein Buch zu geben, das – auch verschlüsselt – das Wichtigste enthalte. Sein Wunsch wurde ihm erfüllt, und er ging frohen Herzens. Unterwegs bemerkte er, daß in dem Buch nichts geschrieben stand! Er kehrte zu seinen Meistern zurück, tat seine Verwunderung kund und bekam zur Antwort: „Wir dachten, Du wärst fortgeschrittener. Da hast Du ein Buch mit Zeichen, davon haben wir viele, aber für gewöhnlich sind sie für Anfänger bestimmt."

Das allerletzte Buch muß noch geschrieben werden. Wer die Vollendung sucht und so ein wahrhaftiges Leben führt, braucht weiße Blätter: so wird er Sinn produzieren statt reproduzieren.

Es sind Überlegungen dieser Art, durch die das Konzept des Heiligen für die Freimaurer Gegenstand so vieler Studien und Debatten bleibt: Die als heilig betrachteten Schriften werden als eine Botschaft aufgefaßt, die es zu verstehen gilt. „Wer hat diese Fassung geschrieben, wo befindet sich das Original, und woher stammen die Kopien?" Lesen bedeutet auch überprüfen – nicht nur die Aussage des Textes, sondern auch die der Kommentatoren. Der geometrische Geist hilft und führt den Leser. Jedes Buch, ob heilig oder nicht, birgt einen leuchtenden Strahl. In seiner Vielzahl und Verschiedenheit nährt er das Licht.

In den meisten maurerischen Logen wird ein heiliges Buch auf den Altar gelegt. Hier handelt es sich um die Bibel, aufgeschlagen am Anfang des Johannes-Evangeliums.

The First Epistle General of

JOHN

CHAPTER 1

1 THAT which was from the beginning, which we have heard, which we have seen with our eyes, which we have looked upon, and our hands have handled, of the Word of life;

2 (For the life was manifested, and we have seen it, and bear witness, and shew unto you that eternal life, which was with the Father, and was manifested unto us;)

3 That which we have seen and heard declare we unto you, that ye also may have fellowship with us: and truly our fellowship is with the Father, and with his Son Jesus Christ.

4 And these things write we unto you, that your joy may be full.

5 This then is the message which we have heard of him, and declare unto you, that God is light, and in him is no darkness at all.

6 If we say that we have fellowship with him, and walk in darkness, we lie, and do not the truth:

7 But if we walk in the light, as he is in the light, we have fellowship one with another, and the blood of Jesus Christ his Son cleanseth us from all sin.

8 If we say that we have no sin, we deceive ourselves, and the truth is not in us.

9 If we confess our sins, he is faithful and just to forgive us our sins, and to cleanse us from all unrighteousness.

10 If we say that we have not sinned, we make him a liar, and his word is not in us.

CHAPTER 2

MY little children, these things write I unto you...

8 Again, a new commandment unto you, which thing is true in you: because the darkness is past, and the true light now shineth.

9 He that saith he is in the light, and hateth his brother, is in darkness even until now.

10 He that loveth his brother abideth in the light, and there is none occasion of stumbling in him.

11 But he that hateth his brother is in darkness, and walketh in darkness, and knoweth not whither he goeth, because that darkness hath blinded his eyes.

12 I write unto you, little children, because your sins are forgiven you for his name's sake.

13 I write unto you, fathers, because ye have known him that is from the beginning. I write unto you, young men, because ye have overcome the wicked one. I write unto you, little children, because ye have known the Father.

14 I have written unto you, fathers, because ye have known him that is from the beginning. I have written unto you, young men, because ye are strong, and the word of God abideth in you, and ye have overcome the wicked one.

15 Love not the world, neither the things that are in the world. If any man love the world, the love of the Father is not in him.

16 For all that is in the world, the lust of the flesh, and the lust of the eyes, and the pride of life, is not of the Father, but is of the world.

KAPITEL 8

DIE ZWEI SÄULEN

DAS BINÄRE VERSINNBILDLICHEN

DIE ZWEI SÄULEN MARKIEREN DEN ÜBERGANG VON EINEM RAUM ZU EINEM ANDEREN, DER SICH VOM ERSTEN QUALITATIV UNTERSCHEI-det. Aus der Antike sind die Herkulessäulen bekannt, die – an der Meerenge von Gibraltar – das Tor von einer bekannten, heimatlichen Welt zu einer zu erkundenden unbekannten bildeten.

Die zwei Säulen am Eingang des Tempels sind rein ornamentaler Natur – sie dienen weder der Statik noch dem Abstützen des Daches. Antike Tempel weisen oft zwei Säulen auf: Die beiden Obelisken am Eingang des Tempels von Karnak etwa, die älter sind als jene des Salomonischen Tempels. Herodot berichtet von zwei Säulen vor dem Herkulestempel in Tyrus – der Heimat des Hiram –, „die eine aus purem Gold, die andere aus Smaragd". Die Symbolik der zwei Säulen bezieht sich auf die Polarität im täglichen Leben: Jede von ihnen steht für einen der Pole der Realität; äußerlich sind sie gleich – doch besitzen beide ihre eigene Persönlichkeit.

Die Säulen des Salomonischen Tempels sind den Freimaurern Bezugspunkte: Bei der Säule auf der Nordseite der Loge nehmen die Lehrlinge Platz, bei jener auf der Südseite die Gesellen. Meister lassen sich nieder, wo es ihnen am angenehmsten ist. Jede Säule hat ihren Aufseher:

Jener der Nordsäule wird „Zweiter Aufseher" oder „Junior Warden" genannt, jener der Südsäule „Erster Aufseher" oder „Senior Warden".

Die Säulen werden in der Bibel an drei Stellen erwähnt (1 Kön 7,15–21 und 2 Chron 3,15–17 und 2 Chron 4,11–13). Die von Bibelstelle zu Bibelstelle abweichende Beschreibung nennt die linke Säule „Jakin", die rechte „Boas". Maurerische Riten übersetzen „Jakin" mit „Er wird dich aufrichten" und „Boas" mit „In ihm ist es stark".

Im Hebräischen heißt Säule „amud" (Pl.: „amudin"), was soviel wie „aufgerichtet sein, stehen, dastehen" bedeutet. Der Ausdruck leitet sich von „ajin" (Auge), „mem" (Ursprung, Wasser, Mutter) und „dalet" (Tür) ab.

Bei den in England häufig anzutreffenden Emulations-Logen heißt es: „Man machte die Säule hohl, damit in ihr das Archiv der Freimaurerei Platz fand, und in ihrem Schoß bewahrte man die Rollen der Konstitution auf."

Andere Rituale, wie der in den USA häufig praktizierte York-Ritus, behaupten: „Man machte die Säule hohl, auf daß das Archiv der Freimaurerei sicheren Platz vor Erdbeben und Überflutungen finde." In seinem Konstitutionenbuch von 1738 führt James Anderson aus: „Manche

Die Schurze des 18. und 19. Jh. sind reich mit Symbolen verziert. Hier werden der Salomonische Tempel, die zwei Säulen, das musivische Pflaster, das Dreieck, der Mond und die Sonne sowie die Werkzeuge des Grades abgebildet.

nennen sie Säulen des Seth, doch die alten Maurer nennen sie immer die Säulen des Enoch."

Diese Bemerkung bezieht sich auf den Enoch zugeschriebenen Tempel (vgl. Kapitel „Der Salomonische Tempel").

I. DIE DREI PFEILER

Bei zahlreichen Riten werden drei mit Kerzen gekrönte Pfeiler oder drei große Leuchter in der Loge aufgestellt. Zu Beginn der Logenarbeiten zündet man die Lichter an; beim Beenden werden sie wieder gelöscht. Diese Pfeiler oder Säulen stellen die Dreiheit von Weisheit, Kraft und Schönheit dar. Die Weisheit steht für die Erfindungsgabe, die Kraft für das Vollenden des Werkes und die Schönheit für die Ornamente.

II. DIE GRANATÄPFEL, DIE LILIEN
UND DIE GLOBEN

Die Kapitelle der zwei Säulen tragen Granatäpfel, Lilien und Erdgloben. Über deren Anzahl und Anordnung geben die entsprechenden Bibelstellen unterschiedlich Auskunft. Ritualienkommentare assoziieren die Kerne der Granatäpfel mit den durch den Geist verbundenen Maurern. Im antiken Griechenland kam dem Granatapfelkern eine mit der Schuld in Zusammenhang stehende Bedeutung zu. Persephone erzählt ihrer Mutter, wie sie gegen ihren Willen verführt wurde: „Er setzte in meine Hand eine süße Frucht, einen Kern des Granatapfels, und hat mich gegen meinen Willen gezwungen, sie zu essen ..." (Homerische Demeter-Hymnen)

Handelt es sich also um eine verbotene Frucht, wie wir sie aus der Bibel kennen? Diese macht hier keine genauen Angaben, sondern spricht lediglich von „peri", was auf hebräisch ganz allgemein „Frucht" heißt. In manchen Übersetzungen ist jedoch von einem Apfel die Rede, was von zahlreichen Kommentatoren übernommen wurde. Tatsächlich aber dürfte es sich bei der in der Genesis erwähnten Frucht eher um eine Feige oder um einen Granatapfel handeln.

Was die Lilie betrifft, so stützt sich die maurerische Symbolik auch hier auf eine willkürliche Übersetzung. Die biblische Beschreibung der Säulen spricht von „chochana", was am ehesten „Rose" heißt. Das Hebräisch-Latein-Wörterbuch von Johannis Buxtorfi, 1654 in Amsterdam erschienen, übersetzt „chochana" mit „Liliam", die Lilie. Dieselbe Übersetzung finden wir in der Vulgata, der lateinischen Bibelübersetzung des Hieronymus.

Von den zwei Globen stellt der eine die Erde, der andere den Himmel dar. In den Emulations-Logen werden die Globen auf kleine Säulen gesetzt, die jene des Tempels nachbilden und auf den Tischen der Aufseher zu finden sind. Beim Eröffnen der Logenarbeiten wird die Säule der Erde umgelegt und gleichzeitig die Säule des Himmels aufgerichtet. Beim Beenden der Sitzung kommt man „auf die Erde zurück". Die zwei Säulen werden also immer gegengleich aufgerichtet und zu Boden gelegt.

Gegenüberliegende Seite: Dieses Schmuckstück stellt einen Logenteppich dar.
Folgende Doppelseite: „J" für die Säule Jakin, „B" für die Säule Boas.

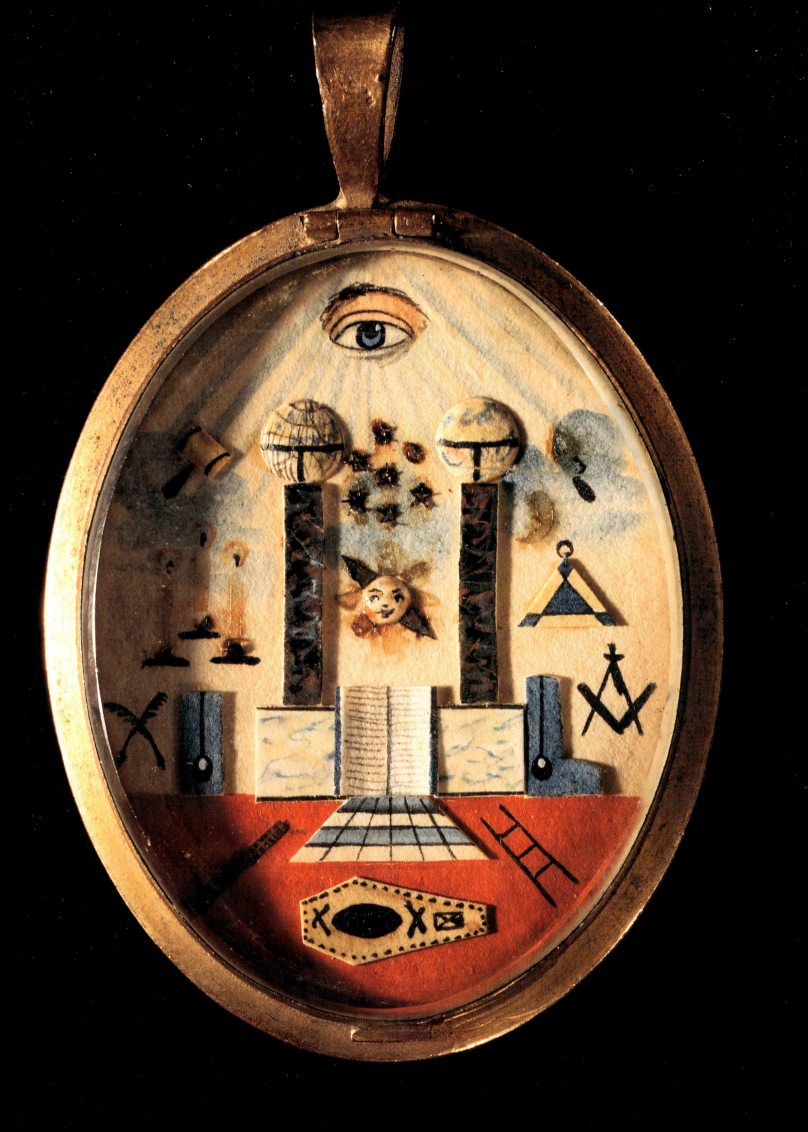

KAPITEL 9

DIE WERKZEUGE DES ERBAUERS

DIE KRAFT DER HAND STEIGERN

ZIRKEL UND WINKELMASS SIND DIE WERK-
ZEUGE DES GEOMETERS. DIE ÄLTESTEN HAND-
SCHRIFTEN, DIE FREIMAUREREI ERWÄHNEN,
sind das Regius- und das Cooke-Manuskript,
1390 respektive 1425 verfasst. Sie enthalten die
ältesten der sogenannten „Alten Pflichten". Bei
einer Aufzählung der Wissenschaften nach der
scholastischen Klassifizierung stellen sie die Freimaurerei der Geometrie gleich: „Die fünfte Wissenschaft ist die Geometrie, auch Maurerei genannt, die Kunst, alle Sachen zu vermessen auf
der Erde und am Himmel."

Nach der Aufzählung der sieben Wissenschaften heißt es weiter: „Keine Wissenschaft,
nicht einmal die Grammatik und die Rhetorik,
würde ohne die Geometrie bestehen." Dies bedeutet, daß die Geometrie – die Kunst, die Erde
zu vermessen, wie es etymologisch heißt – viel
mehr ist, als das bloße Zeichnen von Figuren und
das Vergleichen von Länge, Fläche und Volu-
men. Tatsächlich impliziert die Bemessungskunst
das Überprüfen, und wer in dieser Kunst fort-
schreitet, lernt es, mit Hilfe seiner Werkzeuge
Winkelmaß und Zirkel eine Proposition zu be-
weisen.

Im Mittelalter wurde Wissen nach dem Prinzip der Autorität vermittelt: Eine Aussage wurde
als richtig bewertet, wenn sie von Geistlichen ge-
tätigt wurde, die bei den Herrschenden anerkannt waren. Das „Magister dixit" („Der Meister
hat es gesagt") und das „Roma locuta, causa fini-
ta" („Rom hat gesprochen, die Sache ist erledigt") entschied alle Debatten; Zweifeln und
Überprüfen waren somit verboten. Nur eine einzige Wissenschaft konnte unmöglich auf diese
Weise vermittelt werden, nämlich die Geometrie: Eine Proposition über die Eigenschaften
einer Figur ist nur dann anerkannt, wenn sie
durch die Vernunft und mit Winkelmaß und
Zirkel in der Hand überprüfbar ist.

Das Unterrichten der Geometrie setzt weiters voraus, daß der Schüler als ein vernunft-
begabtes Wesen verstanden wird, das auch aus eigenen Mitteln Sinn produzieren kann. Ein solcher Unterricht stärkt und strukturiert sowohl
das kritische Denkvermögen als auch das freie
Entscheiden und fördert – dies ist ganz wesent-
lich – die Neigung zur Überprüfung. So sind
Zirkel und Winkelmaß vor allem die Werkzeuge
des Prüfers. Diese älteste Bestimmung des Freimaurers zeigt seine Rolle in der Polis: Er ist derjenige, der prüft, das heißt derjenige, der genau
zuhört, was gesagt wird – und nicht, wer es sagt.
Der Maurer als Geometer beurteilt das Wort

Abzeichen, welche die Loge symbolisieren

nach dem Sinn, nicht nach der sozialen Stellung des Redners.

Winkelmaß und Zirkel sind die Werkzeuge des freien Menschen. Es sind die Werkzeuge jenes Denkens, das sich im Besitz der Fähigkeit glaubt, von der Wirklichkeit berichten zu können, ihre Gesetze zu offenbaren und sie – wenn es darum geht, das Leben der Menschen zu erleichtern und ihr Schicksal zum Positiven zu wenden – zu verbessern. Sie treten an die Stelle der Talismane, sind also Gegenstände, die per se keine Macht ausüben können. Es sind Werkzeuge, die der Mensch hergestellt hat, damit sie ihm bei der Bewältigung der Realität zur Seite stehen. Die Symbolik deutet den Sinn dieser Werkzeuge, indem sie diese als Bilder des Geistes zeigt, der sie entworfen und geschaffen hat. Winkelmaß und Zirkel sind Symbole, weil sie in der Materie die Formen des Geistes widerspiegeln.

Darüber hinaus stehen Winkelmaß und Zirkel für die Vernunft. Doch handelt es sich hierbei nicht um Fähigkeiten zur Deduktion und Induktion, die ohne die Hilfe der Intuition oder der Phantasie funktionieren könnten. Von der Reihe der Propositionen des Euklid weitere Propositionen ableiten zu können, verlangt Vernunft, aber auch Phantasie und Intuition: Die logische Deduktion allein würde nicht genügen und wäre ohne die intuitive Kreativität erfolglos.

In fast allen Traditionen wird das Winkelmaß mit dem Viereck, der Erde, der Materie und der Zirkel mit dem Kreis, dem Himmel und dem Geist in Verbindung gesetzt.

Der Suchende soll sich nicht damit begnügen, sich dieses Faktum einzuprägen. Die Arbeit über die Symbolik beginnt mit der Frage „Warum?" Man frage nach dem Sinn der Verbindungen Geist–Kreis und Materie–Viereck.

Wenn die Sitzungen im Grad des Lehrlings eröffnet werden, legt man das Winkelmaß auf den Zirkel, zum Zeichen dafür, daß noch die Materie den Geist beherrscht. Im zweiten Grad, dem des Gesellen, werden Winkelmaß und Zirkel gekreuzt aufgelegt: es besteht Gleichgewicht. Im Meistergrad wird der Zirkel auf das Winkelmaß gelegt.

I. HAMMER UND MEISSEL

Durch Hammer und Meißel fügt sich der Stein dem Willen des Steinmetzen. Mit einer Hand schlägt er mit dem Hammer auf den Meißel, um den Stein in die von ihm gewünschte Form zu bringen. Der Hammer wird also mit der agierenden Kraft in Verbindung gebracht. Deswegen bekommen ihn der Meister vom Stuhl und die zwei Aufseher. Während des Rituals wird er benutzt, um das Eröffnen oder das Schließen der Sitzung zu melden und um das Wort zu verlangen. Bei der Aufnahmezeremonie legt der Meister vom Stuhl seinen Degen auf die Schulter des Aufzunehmenden. Dann klopft er mit dem Hammer auf die Klinge.

Der Hammer ist zweiköpfig und aus Holz. Der Meißel ist ein Hartstahlstab, der an einem Ende keilförmig zugespitzt und mit einer scharfen Schneide versehen ist.

Eine Hand hält den Meißel des Steinmetzen –
Sinnbild der Selbstveredelung.

Hammer und Meißel für sich allein sind zum Behauen des Steines unzulänglich: die Komplementarität von Passiv und Aktiv kommt in der Symbolik dieser beiden Werkzeuge besonders deutlich zum Ausdruck. Der Hammer ist, naturgemäß, der aktive, kraftgebende Teil, der Meißel der passive, der die Kraft vom Hammer auf den Stein überträgt.

II. DAS SENKBLEI UND DIE SETZWAAGE

Das Senkblei ist ein Lot, das verwendet wird, um die Senkrechte zu ermitteln. Die Setzwaage besteht aus einem Dreieck, an dessen Spitze ein Lot befestigt ist, und dient zur Ermittlung der Waagrechten. Um die Waagrechte zu erhalten, muß das Senkblei die Basis des Dreiecks kreuzen und teilen, so daß zwei gleich große, rechtwinklige Dreiecke entstehen. Die Senkrechte ergibt sich unmittelbar: Man braucht nur das unbewegte Senkblei zu betrachten. Daraus läßt sich dann die Waagrechte ableiten: Hierzu schaffe man, indem man die Basis des Dreiecks mit dem Senkblei justiert und darauf eine Senkrechte errichtet, einen rechten Winkel.

III. DER MASSTAB UND DER HEBEL

Der Maßstab und der Hebel werden aus einer Geraden gebildet. Der Maßstab ist ein Vermessungswerkzeug, das – entsprechend den 24 Stunden eines Tages – in 24 Zoll unterteilt ist. Er dient zur Überprüfung des fertigen Baus. Dadurch, daß die Zahl 24 sowohl durch die Primfaktoren 2 und 3 teilbar ist als auch das Produkt der ersten vier natürlichen Zahlen ($1 \times 2 \times 3 \times 4$) ist, ist der Maßstab ideal, um die Richtigkeit der Proportionen überprüfen zu können.

Der Hebel ist ein Werkzeug, das die Kraft des Handwerkers vervielfacht. Wir erinnern uns an die Herausforderung Archimedes': „Gebt mir einen Hebel, lang genug, und einen Stützpunkt, stark genug, und ich hebe euch die Welt aus den Angeln." Der Hebel dient dazu, die Schwerkraft zu besiegen. Durch einen Stützpunkt in zwei Strecken geteilt, verstärkt er die Kraft des Menschen im Verhältnis zu der Länge der Teilstrecke, auf die er sich stützt. Dieser Teil heißt „die Kraft". Der andere, kürzere, der den zu hebenden Gegenstand trägt, wird als „der Widerstand" bezeichnet.

IV. DIE KELLE

Die Kelle stellt die Vollendung der Arbeit dar – jenen Augenblick, in dem man auf eine Mauer Mörtel oder Gips aufträgt, um Unterschiede zwischen den Steinen auszugleichen. Sie wird auch mit der schöpferischen Kraft in Verbindung gebracht; es gibt mittelalterliche Darstellungen, die den Schöpfer mit einer Kelle in der Hand zeigen.

V. DER RAUHE STEIN, DER KUBISCHE STEIN UND DER KUBISCHE STEIN MIT EINER SPITZE

Der rauhe Stein ist die zu bearbeitende Materie. Der Stein versinnbildlicht den Menschen in seinem unvollkommenen Zustand vor der inneren Beschau (Introspektion) und der Arbeit an sich selbst. Alle Autoren sind sich darüber einig, daß der rauhe Stein mit dem unvollkommenen

Gegenüberliegende Seite: Die Hand hält den Hammer des Steinmetz.
Folgende Doppelseite: Die Ornamente im Zentrum eines Logenbanners
zeigen die Werkzeuge der Maurer auf der Baustelle.

Menschen in Zusammenhang gebracht werden muß. Die Symbolik der Baumeister, des Gesellentums und der Freimaurerei entwickelt sich rund um die Idee, daß „schaffen" „sich selbst schaffen" heißt.

Was genau bedeutet also die Arbeit an dem rauhen Stein – eine maurerische Formulierung für die Introspektion und die Selbstveredelung? Heißt es, eine Reihe gleicher Steine zu behauen, die einem vorgegebenen Vorbild gleichen und perfekt zueinander passen, um damit eine Pyramide zu erbauen? Oder aber bezeichnet sie einen Prozeß der Individualisierung, in dessen Verlauf jeder seine spezifische Natur entdeckt, indem er sich der „Metalle", der Vorurteile der Welt, entledigt? Die Texte der Freimaurer bieten bestimmte Vorbilder an, denen nachzueifern die Maurer eingeladen sind. Es sind die Weisen und es ist der Architekt Hiram, mit denen sie sich identifizieren müssen, um zum Meistergrad zu gelangen. Dieselben Texte jedoch fordern den Menschen auf, sich zu differenzieren, statt konform zu werden, ein neues Ich aufzubauen, um die Gruppe nicht nur quantitativ, sondern auch qualitativ zu bereichern.

Den Stein zu behauen heißt, ihn als werdend zu betrachten, indem man die Legitimität des Werdens erkennt. Der Profane ist mit Metallen beladen und als solcher ein „gesprochenes" Wesen; von ihnen befreit, wird er zum Eingeweihten, zu einem „sprechenden" Wesen.

Als Quadrat zum Quadrat hat der Kubus die gleiche Symbolik im Dreidimensionalen, wie das Quadrat im Zweidimensionalen. Er versinnbild-

licht die Stabilität durch seine stets gleichbleibende Erscheinung – die unabhängig davon ist, auf welche Seite er gelegt wird. Der kubische Stein mit einer Spitze wiederum ist ein von einer Pyramide gekrönter Kubus; er kann nur auf einer Seite liegen: auf jener der Pyramide entgegengesetzten. Oswald Wirth schreibt dazu: „Dieses Werkzeug, das die Freimaurer von den Zimmerleuten übernommen haben, zeigt ohne Zweifel, daß man den Stein öffnen muß, ihn spalten, um in sein Inneres zu gelangen, zu seiner Esoterik."

Alte englische Texte sprechen vom „freestone", vom freien Stein, dem weichen Kalkstein, aus dem die Maurer Figuren hauten. Der harte Stein, der zur Quaderarbeit bestimmt ist, wird auch „rough stone" genannt. Für manche Autoren stammt die Bezeichnung Freimaurer etymologisch von „freestone mason", „Freisteinmaurer" ab. Die französische Etymologie leitet das Wort „franc-maçon" von „franc", zu deutsch „frei, autonom" her. Die Verbindung von „frei" und „weich" (im englischen „freestone") verweist auf die Verknüpfung von Freiheit und Macht. Der weiche Stein erleichtert die Arbeit des Maurers, er läßt sich nach dem Willen des Menschen behauen; er leistet keinen Widerstand und fügt sich. Die Weichheit des Steins erweitert die Freiheit des Maurers.

Bemalter Lederschurz aus England. Das Bild zeigt die drei Kardinaltugenden: Glaube, Hoffnung und Liebe.

MASONRY UNIVERSAL

Dedicated to the Ancient & Honorable Society of Free and Accepted Masons by Brother John Cole P.M. Kew Street London

KAPITEL 10

DIE BEKLEIDUNG DES MAURERS

EIN PROJEKT KUNDGEBEN

UM AN DER SITZUNG IN DER LOGE TEILZU-
NEHMEN, LEGT DER FREIMAURER EIN BESON-
DERES GEWAND AN: ÜBER SEINE STÄDTISCHE
Bekleidung bindet er sich um die Hüften einen
Schurz und zieht weiße Handschuhe an. Je nach
Grad und Ritus kann er auch eine Logenschärpe
oder eine Halsbinde tragen.

Am Beginn waren die Bekleidungen einfach
und der Philosophie des Ordens angepaßt; diese
verlangte eine gewisse Gleichgültigkeit gegenüber allem Oberflächlichen. Im 18. Jh., als Prinzen und Bürger in den Logen zusammentrafen,
wurde ein gewisses Raffinement bevorzugt. Es
entwickelte sich ein florierender Vertrieb, der
über Kataloge eine Vielzahl von Artikeln anbot.

I. DER SCHURZ

Der Schurz ist die eigentliche Bekleidung des
Freimaurers. Er wird als Werkzeug betrachtet, in
Erinnerung an die Zeit, in der die Maurer einen
langen Schurz aus dickem Leder trugen, der sie
bei der Arbeit vor Steinsplittern und Hammer-
schlägen schützen sollte.

Der Schurz des Lehrlings ist aus weißem
(traditionell Lamm-) Leder, die dreieckige Klappe aufgestellt. Den gleichen Schurz trägt der
Geselle, jedoch mit herabfallender Klappe. Der

Schurz des Meisters besteht aus Leder oder Satin,
schwarz gefüttert und, je nach Ritus, mit einem
roten, grünen oder blauen Rand versehen.

Der Schurz versinnbildlicht die harte Arbeit
mit dem „rauhen Stein", aber auch die Körper-
schaft, die Vereinigung in einer Bruderschaft.

II. DIE LOGENSCHÄRPE

Die Logenschärpe – Schärpe oder Band –
unterstreicht die Gleichheit unter den Maurern.
In der Monarchie trugen lediglich die Adeligen
eine Schärpe. Zu dieser Zeit war die Freimaurer-
loge der einzige Ort, an dem sie jeder, unabhängig von seiner sozialen Herkunft, anlegen durfte.
Auf diese Weise wurde auf eine Freiheit „von
oben" hingewiesen: ein Privileg wurde nicht ab-
geschafft, sondern geteilt.

Die Halsbinde, auch „Collier" genannt, ist
ein Ehrenzeichen, das auf ein bestimmtes Amt
oder einen bestimmten Grad hinweist. Die
Logenschärpe und die Halsbinde können nicht
gleichzeitig getragen werden.

III. DIE HANDSCHUHE

Die für gewöhnlich weißen Handschuhe können
in hohen Graden auch rot, schwarz oder weiß mit
einem roten Saum sein. In den Anfängen der

Der Lehrling bekommt bei seiner Aufnahme ein Paar weiße Handschuhe.

spekulativen Freimaurerei trugen die Maurer statt Handschuhen ein Blatt Leder, das mit maurerischen Symbolen verziert war. Früher bekam der Lehrling nach der Aufnahmezeremonie zwei Paar Handschuhe, eines für sich und das zweite für jene Frau, die ihm „am nächsten steht". Dieses zweite Paar wird heute meist durch eine Rose ersetzt.

Nachdem er 1780 in der Loge „Amalia" in Weimar „das Licht empfangen hatte", schenkte Goethe das zweite ihm übergebene Paar Handschuhe Frau von Stein, begleitet mit folgenden Worten: „Wenn dieses Geschenk Ihnen unscheinbar vorkommt, so sollen Sie seine Eigenheit bedenken: es kann von einem Freimaurer nur ein einziges Mal in seinem Leben einer Frau überreicht werden."

IV. DER HUT
Im 18. und einem Großteil des 19. Jh. trugen der Meister vom Stuhl sowie die anderen Meister in der Loge einen Hut. Dieser Brauch besteht noch heute, wenn sich die Meister, unter sich, in der „Mittleren Kammer" versammeln. Wie die Krone ist der Hut das Emblem der Souveränität. Er wird mit der Sephira „Kether" im Baum des Lebens der Kabbala in Zusammenhang gebracht. Er hat den Auftrag, die Meister daran zu erinnern, daß sie regieren sollten und nicht nach ihrer jeweiligen Laune herrschen. Denn der Meister ist kein „Chef" im Sinne der profanen Hierarchie: Er vermittelt, was er empfängt, und nimmt an einem Projekt teil, das ihn selbst übertrifft.

In Deutschland tragen in der Loge alle Brüder den Hut, nehmen ihn jedoch ab, wenn der Name des Höchsten Baumeisters genannt wird. Hier ist der Hut das Symbol der unter den Brüdern herrschenden Gleichheit.

V. DIE KLEIDER UND DER KASEL
In Frankreich eher selten, in England jedoch durchaus üblich, wird der Smoking als Zeichen der Gleichheit unter den Brüdern getragen.

Die Schwester der „Grande Loge Feminine" tragen über ihren Kleidern ein langes schwarzes Gewand, ein weißes in der „Memphis-Misraim-Obedienz" und in den schweizerischen Logen „Droit Humain". In einigen Frauenlogen des Memphis-Misraim-Ritus werden orangefarbene Kleider getragen.

In einigen Logen des rektifizierten Schottischen Ritus tragen die Maurer eine blaue Kasel.

Vorhergehende Doppelseite: Schurze mit Symbolen und Legenden zu den verschiedenen Graden der Freimaurerei; Schurze von Helvetius und Voltaire
Gegenüberliegende Seite: Die Meister tragen Logenschärpen und die Logenbeamten Halsbinden mit den Abzeichen ihres Amtes.

KAPITEL 11

DAS SCHWERT

DENKEN BEDEUTET SCHNEIDEN UND STECHEN

DIE EINFÜHRUNG DER BLANKEN WAFFEN IN DIE RITUALE DER FREIMAUREREI GEHT AUF MEHRERE TRADITIONEN ZURÜCK: DAS RITTERtum mit seinen Sagen schreibt dem Schwert eine magische Kraft zu; die Bibel tut dies in der Genesis, wo von einem flammenden Schwert die Rede ist. Die Freimaurer des 18. Jh. – als das Tragen des Schwerts ein Privileg des Adels war – trugen es als Zeichen der Gleichheit unter Brüdern: die Würde des Menschen, so wurde demonstriert, ist die Frucht seiner Arbeit und unabhängig von seinem sozialen Status.

Das Schwert hat eine gerade, doppelschneidige Klinge und einen kreuzförmigen Griff. Alle Mitglieder einer Loge besitzen ein Schwert, das sie bei den Zeremonien verwenden. Seine Klinge ähnelt einer Flamme und wird Flammendes Schwert genannt; das bezieht sich auf 1 Mos 3, 23–24: „Und er trieb den Menschen hinaus und ließ lagern vor dem Garten Eden die Cherubim mit dem flammenden, blitzenden Schwert, zu bewachen den Weg, der zu dem Baum des Lebens führte." Der Meister vom Stuhl hält das Flammende Schwert während der Aufnahmezeremonie eines Lehrlings; während der Logenarbeit liegt es auf einem Gestell. Es versinnbildlicht das Wort, das Denken und die Schöpfung.

Der Degen tritt für den Freimaurer zum ersten Mal beim 1. Grad (auch *Rachegrad* genannt) und beim 9. Grad des Alten und Angenommenen Schottischen Ritus (*Auserwählter Meister der Neun*) in Erscheinung. Die Symbolik des Degens wird durch seine Geschichte erhellt:

Der Degen, schon in der jungen Steinzeit in Gebrauch, ist eine Stoßwaffe mit doppelschneidiger Klinge. In der Steinzeit bestand die 20 bis 40 cm lange Klinge aus Stein; sie war so perfekt geformt, daß die späteren Ausführungen aus Kupfer, Bronze oder Eisen eigentlich keine Verbesserung mehr brachten. Später erlaubte die Schmiedekunst, die Klingen zu verlängern. Es entstand das Schwert, das nicht nur Stoß-, sondern auch Schneidewaffe war. Um die jeweilige symbolische Bedeutung dieser Waffen auszulegen, muß das Schwert vom Degen unterschieden werden, so, wie das Schneiden und Spalten vom Stechen.

Der Degen kann als Sinnbild für die Fähigkeit betrachtet werden, Geheimnisse zu lüften, Rätsel zu lösen, Wörter zu deuten, damit der Sinn aus ihnen hervorgeht. Die Waffe ist zugleich ein Werkzeug für den Geist. Polemos und Episteme halten sich gegenseitig ihr Ebenbild vor ... und entdecken, daß sie Zwillinge sind.

Vorhergehende Doppelseite: Portrait des Prinzen Friedrich der Niederlande als Großmeister. Logenschärpe einer Adoptionsloge unter Napoleon III., getragen von der Prinzessin Caroline Murat.
Gegenüberliegende Seite: Jagddegen. Die maurerischen Symbole wurden 1771 von Joan Van der Nany eingraviert.

KAPITEL 12

DIE PFLANZEN-SYMBOLE

NAHRUNG, ZEICHEN UND ATTRIBUTE

DIE SYMBOLIK DES PFLANZENREICHES ERHELLT DEN URSPRUNG DES DENKENS UND DES WORTES. IM ERSTEN DISKURS ÜBER DIE NATUR wird auf sie das Bild des Körpers projiziert: Mutter Natur, die Ernährerin, wird vom Regen – Samen des Vaterhimmels – befruchtet und erlebt im Rhythmus der Jahreszeiten eine ewige Rückkehr. So entstehen Metaphern, die einem helfen, sich in der Welt zu orientieren. Durch diese Metaphern beginnt und entwickelt sich die Beobachtung der Phänomene.

Der Zyklus von Tod und Auferstehung ist ein Thema, das wir bereits in den ältesten Riten vorfinden. Er strukturiert das Leben: Geburt, Reife und Verwandlung, in jeder Zivilisation.

Die freimaurerische Symbolik übernimmt die Pflanzensymbole, auch wenn sie jene des Mineralienreichs bevorzugt: tatsächlich ist der Stein das Fundament und die zu bearbeitende Materie, auf die die Werkzeuge des Maurers ausgerichtet sind. Es gab jedoch im 18. Jh. Freimaurerei, die sich mit dem Holz auseinandersetzte und über entsprechende Werkzeuge, wie etwa die Axt, verfügte. Von Zimmergesellen werden Waldrituale nach wie vor ausgeübt; manche sind von der Stein-Freimaurerei übernommen worden, etwa die großen Feuer zur Sommersonnenwende.

Wir stellen hier die Pflanzensymbole im Kontext der Riten vor, welche die Stein-Freimaurerei praktiziert.

I. DAS WEIZENKORN

Der Freimaurer entdeckt die Symbolik des Weizenkorns im zweiten Grad, dem des Gesellen. Der Kontext ist hier ein Wissen über die fünf zur Kommunikation benutzten Sinne.

Tod und Wiedergeburt des Korns bilden das Hauptthema zahlreicher Mysterienkulte der Antike. Bei den Ägyptern war das Korn das Emblem Osiris, Symbol seines Todes und seiner Auferstehung. Erinnern wir uns daran, daß sich die Freimaurer als „Söhne der Witwe" bezeichnen, nach Hiram, den Architekten, den „Witwensohn". Den ältesten Nachweis für einen „Sohn der Witwe" liefert allerdings eine Inschrift der Cheops-Pyramide; sie bezieht sich auf Horus, den nachgeborenen Sohn des Osiris. Das Studieren der antiken Textquellen lehrt uns, daß das vaterlose Kind, Sohn einer Witwe oder einer Jungfrau, einen Gründer und einen Schöpfer bezeichnet.

II. DIE AKAZIE

Die Akazie erscheint im dritten Meistergrad. Sie bezieht sich auf die Geschichte des Mordes an

Vorhergehende Doppelseite: Logenschwerter; sie werden bei der Zeremonie getragen.
Gegenüberliegende Seite: Das Korn gehört zur Symbolik des Gesellengrades.

Hiram, dem Architekten, durch drei ungeduldige Gesellen.

In seinem Buch „Masonry dissected" (1730) bemerkt Samuel Prichard eine Ähnlichkeit zwischen dem Ablauf des Hirammordes und der Erzählung von der Suche des Äneas nach seinem Vater Anchises, im sechsten Buch von Vergils Aeneis.

Äneas fragte Sybille, ob er in das Reich der Schatten eindringen dürfe, um dort mit seinem Vater zu reden. Die Pythia ermutigte ihn dazu, warnte aber: sein Vorhaben würde nur dann gelingen, wenn er bei der Suche nach seinem Vater Anchises, Vorfahre der Trojaner, den goldenen Akazienzweig vom Baum breche und in der Hand halte. Der Akazienzweig sollte sich ohne Mühe pflücken lassen. In einer ähnlichen Weise wird Hiram unter einem Akazienzweig entdeckt, der sich leicht aus der frisch gepflügten Erde herausziehen läßt.

Vergil erzählt eine weitere Geschichte, der des Hiram ähnlich: Priamos, König von Troja, schickte seinen Sohn Polydor zum König von Thrakien, um ihm eine größere Geldsumme zu überreichen. Die Thraker töteten Polydor und begruben ihn an einem geheimen Ort. Äneas, der in diesem Land auf der Durchreise war, pflückte zufällig einen Zweig von einem Gebüsch und fand so Polydors Leichnam.

Der mühelos aus der Erde herausgezogene Zweig ist ein Element, das sich in all diesen Sagen wiederfindet: es besagt, daß der Zweig von woanders stammt und an der Stelle, an der der Tote liegt, wieder in die Erde gesetzt wurde. Dieses Umpflanzen sollte mit einem Totenritus in Zusammenhang gebracht werden, mit einem Ritus von großer Bedeutung, der sogar einen heimlich begrabenen Leichnam zu entdecken vermag.

Die Akazie ist ein Baum, der in der Wüste wächst, sehr hart, mit stacheligen Zweigen. Er heißt im Hebräischen „shita" (aus Shin, Tet, He). In der Bibel wird er drei Mal erwähnt: einmal als Baum (Jes 41,19), dann als Holz (2 Mos 26), und noch einmal in der Mehrzahl (2 Mos 25), in Zusammenhang mit der Errichtung des Tabernakels.

III. DER BAUM UND DER WALD
Bei der Aufnahme zum 22. Grad des Alten und Angenommenen Schottischen Ritus wird der Aufzunehmende entweder *Prinz von Libanon* oder *Ritter der Königlichen Axt (Royal Hache)*. Als Quelle für die Sagen zu diesem Grad werden die Bibel und die Artus-Legende angeführt. Von der Bibel wird das Thema des Holzbaues übernommen: die Arche Noah, die Bundeslade, der erste und der zweite Tempel. Die Artussage liefert die Geschichte der Tafelrunde, die König Artus einführt, um den Rangstreitigkeiten zwischen den Rittern ein Ende zu setzen.

Bei Paul Naudon und Edmund Gloton[1] können wir dazu lesen: „Von der Sage dieses Grades erfahren wir, daß die Bewohner Sidons die Zedern des Berges Libanon als Bauholz für die Arche Noah fällten, so wie später ihre Nachkommen für die Anfertigung der Bundeslade. Das ist

Die Akazie – bei der Suche nach dem Grab Hirams verwendet – ist ein wichtiges Bauelement des Salomonischen Tempels.

der Grund, warum sie damit beauftragt wurden, das Bauholz zu besorgen, als es galt, den Salomonischen Tempel zu errichten. Später, beim Bau des zweiten Tempels, beauftragte sie Zerubabel. Die esoterisch sehr hermetische Lehre dieses Grades ist der Höhepunkt der Arbeit zur Vollendung des Grand Œuvre."

So wird die Verwandlung angekündigt, die Frucht der Arbeit mit dem Holz, welches das Wasser aufsaugt, das in der Erde eingeschlossen ist, das wächst und grünt und die Früchte trägt, das den Menschen Nahrung bietet, brennt und sich erneuert. In der aus Holz angefertigten Bundeslade werden die steinernen Gesetzestafeln aufgehoben. Der Tempel wurde aus Holz und Stein gebaut. Die Arbeit am Mineral und an der Pflanze, an der „äußerlichen Natur", ist der „inneren Arbeit", der am Subjekt, gleich.

Der Baum liefert sprechende Bilder für das Werden: die Vervielfältigung der Zweige, die alle von einem gemeinsamen Stamm sprießen, die Wurzel, die um so tiefer vergraben ist, je höher der Stamm reicht. Der Baum ist die Metapher, die den Sinn trägt: der Baum der Erkenntnis, der Baum des Lebens, die Weltachse, der Bund zwischen Himmel und Erde – dies alles ist wohlbekannt. Der Baum wird an seinen Früchten, an seinen Blüten gemessen, nicht an seiner Rinde.

Der Übergang vom Wald zum Prunksaal der Tafelrunde, dessen Form die Rangstreitigkeiten zunichte macht, wird durch das Ritual der „Bons Cousins Charbonniers" (18. Jh.) dargestellt. Bei Jacques Brengues[2] heißt es:

– Woher kommt Ihr?
– Vom Wald.
– Wo geht Ihr hin, lieber Cousin?
– In die Ehrenkammer.
– Was wollt Ihr hier?
– Meine Leidenschaften besiegen und mich in der Kunst der ehrbaren Charbonniers belehren lassen.
– Was bringt Ihr mit?
– Holz, Laub und Erde, zum Bauen, zum Klopfen, zum Verbrennen im Ofen.
– Bringt Ihr nichts sonst?
– Ich bringe den Glauben, die Hoffnung und die Barmherzigkeit für die Bons Cousins dieser ehrbaren Kammer.
– Wer ist dieser Mensch, den Ihr zu uns führt?
– Ein Mann, der sich im Walde verirrt hat.
– Was begehrt er?
– Er begehrt, in die Pflichten der ehrbaren Charbonnerie eingeweiht zu werden und begehrt die Aufnahme in unseren Orden.

Die Lehre der Arbeit wird von dem Vorhaben bestimmt, das Grand Œuvre zu vollenden. Gesellen des Tour de France, Bons Cousins Charbonniers und Freimaurer haben dasselbe Streben: den Wiederaufbau des Tempels, die Ankunft einer besseren und aufgeklärteren Gesellschaft, wie sie die Tafelrunde versinnbildlicht. Bei dieser Tafel gibt es keine Rangordnung. Die Eingeweihten, die erfahrenen Menschen, brauchen keinen Chef; wenn einer die Versammlung präsidiert, so bleiben die anderen ihm ebenbürtig.

Die Rose, alchimistisches Symbol des Lebens

IV. LORBEER UND OLIVENBAUM

Diese zwei Pflanzen kommen im Grad *Geheimer Meister* vor, dem vierten des Alten und Angenommenen Schottischen Ritus.

Ein schöner Ephebe verfolgt eine Nymphe, die sich, um ihm zu entkommen, in einen Lorbeerbaum verwandelt. Es ist die Geschichte von Apoll und Daphne, eines der beliebtesten Themen der abendländischen Kunst.

Als Emblem des Apoll versinnbildlicht der Lorbeer den Sieg im Krieg und in der literarischen Wette. Er krönt die siegreichen römischen Generäle und Kaiser: wie alle immergrünen Pflanzen ist er Symbol für die Unsterblichkeit. Selbst in China glaubt man, der Mond beherberge einen Lorbeer und einen Unsterblichen.

Als apollonischer Baum verbindet der Lorbeer Weisheit und Heldentum. Im alten Griechenland kauten oder brannten Pythien und Wahrsager vor der Prophezeiung Lorbeerblätter, die, da Apoll geweiht, wahrsagerische Fähigkeiten verliehen. Wer von der Pythia eine günstige Antwort bekam, kehrte mit einer Lorbeerkrone heim.

Der Olivenbaum ist Athene gewidmet. Olivenbäume wuchsen in der Ebene von Eleusis; wer sie beschädigte, wurde verurteilt. Vergöttlicht wird der Olivenbaum auch in den Homerischen Demeter-Hymnen, die eine Einführung in die eleusischen Initiationen darstellen.[3] In der jüdisch-christlichen Tradition ist der Ölbaum ein Symbol für den Frieden. Tatsächlich bringt, am Ende der Sintflut, eine Taube dem Noah einen Ölzweig. Das Kreuz Christi soll, Legenden zufolge, aus dem Holz des Ölbaumes angefertigt worden sein. Im Mittelalter ist dieses ein Symbol für Gold und Liebe. „Wenn ich an deiner Tür ein güldenes Olivenholz erblicke, nenne ich dich im Augenblick Tempel Gottes", schreibt Angelus Silesius und nimmt dabei auf die Beschreibung des Salomonischen Tempels bezug.

Der Olivenbaum ist in mediterranen Ländern sehr verbreitet. Die Olivenernte und das Ölpressen gehen weit in die Antike zurück: Die Symbolik des Ölbaumes verbindet sich also mit uralten Erfahrungen.

Olivenöl diente als Brennstoff für Öllampen, weshalb der Ölbaum auch mit dem Licht in Zusammenhang steht. So ist er in der islamischen Tradition der „Gesegnete Baum", der „Baum der Mitte", die Weltachse.

Das Zusammenspiel der Symbolgehalte von Lorbeer und Ölbaum läßt sich auf zweierlei Arten untersuchen: Zum ersten durch die Annahme, daß sich die Summe beider Einzelbedeutungen aus deren Zusammenfassung ergibt. Zum anderen kann der symbolische Gesamtinhalt im Sinne eines „symbolischen Paares" aufgefaßt werden, das von der Symbolik beider Elemente genährt wird, wenn auch jedes von ihnen sein Eigenleben bewahrt.

Lorbeer wie Ölbaum, beide werden mit dem Sieg in Zusammenhang gebracht: Er ist der Teil ihrer Symbolik, den sie gemeinsam haben. Bei den alten Griechen war der Lorbeerkranz für die Sieger der Olympischen Spiele bestimmt.

Das Symbol des Grades „Rosenkreuzer", gestickt auf einem Schurz; 18. Jh.

Werden die beiden Pflanzen verbunden, so wird ausgedrückt, daß das Wichtigste ihre Ähnlichkeiten sind; dies regt den Geheimen Meister zum Meditieren über den Lohn für Arbeit an. Darüber hinaus erinnert das Paar Lorbeer-Ölbaum an das Paar Apoll-Athene. Das Studium des Paares Apoll-Athene erlaubt uns, den „Ursprung" des Denkens zu erhellen und der Verbindung Arbeit-Belohnung näherzukommen.

V. DIE ROSE

Die Rose und der Rosenkult bilden einen wichtigen Bestandteil der europäischen Kultur. Ihre Symbolik entspricht der des Lotus im Orient. Im Abendland wird die Rose der Aphrodite (Venus) gewidmet: sie entsprang aus dem Lächeln des Cupido oder fiel auf den Boden, als man Aurora kämmte. Der erste Rosenbaum soll gesprossen sein, als Venus aus dem Wasser geboren wurde. Ein Tropfen des Nektars, des göttlichen Getränks, sei auf den Rosenbaum gefallen und habe so die erste Rose erzeugt.

Der Legende nach waren die Rosen ursprünglich weiß; als aber Venus dem von Mars bedrohten Adonis zu Hilfe eilte, verletzte sie ein Stachel am Fuß, ein Tröpfchen ihres Blutes fiel auf die Rosenblätter und färbte sie rot.

Der Esel Apuleius erlangt seine menschliche Gestalt zurück, nachdem er einen hochroten Rosenkranz verschlungen hatte, den ihm der Großpriester Isis gegeben hatte. Seither symbolisiert der Rosenbaum die Regeneration. Diese Interpretation wird dadurch bekräftigt, daß die Rose in heiligen Texten oftmals vom Ölbaumzweig begleitet wird: „So wuchs ich empor wie die Rosenbäume von Jericho, wie ein Ölbaum in der Ebene wuchs ich empor" (Sir 24,14).

Die Rose ist auch das Wissen, der Schatz der Weisheit. Der „Roman de la Rose" von Jean de Meung ist unsere erste Enzyklopädie, eine Zusammenfassung des Wissens im 13. Jh. Auch die „alchimistische Rose" und die „mystische Rose" – in der christlichen Tradition die Heilige Jungfrau – sollen im Sinne von „Wissen" gedeutet werden. Die mystische Rose ist die Erleuchtung – ihr wird auf der letzten Stufe der spirituellen Suche begegnet.

Die Rose ist die Weisheit und die Schönheit, die Regenerierung. Durch die Metamorphose kann die Liebe verwandeln, auch wenn derartige Mutationen nicht immer wohltuend sind. Dies zeigt die Geschichte von Circe: die gefährliche Zauberin verwandelte die Gefolgschaft des Odysseus in Schweine: diese hatte, im Gegensatz zu ihrem Anführer, nicht den klaren Blick bewahrt, sondern sich dem Rausch ihrer Sinne hingegeben.

1 P. Naudon: *Histoire et Rituels des Hauts Grades maçonniques*. Paris 1967
E. Gloton: *Mémento des grades capitulaires*. Paris 1946
2 J. Brengues: *La Franc-Maçonnerie du bois*. Paris 1973
3 D. Béresniak: *Ce que nous savons des mystüres d'Eleusis*. In: „Le Maillon", November 1994

Der Lorbeer versinnbildlicht die Siege über sich selbst.

KAPITEL 13

DIE TIERSYMBOLE

BILDER FÜR DEN MENSCHEN

DIE MAURERISCHEN RITEN RICHTEN IN DER POLIS ORTE EIN, DIE FÜR DIE FREIMAURER-MEISTER RESERVIERT SIND, DIE SICH – NACHdem sie die Hiramspassion durchlebt haben – anderen Legenden widmen. An diesen Orten treffen biblische Gestalten olympische, begegnen einander Ägypter, Ritter, Tempelbauer sowie faustische und prometheische Figuren. Das kollektive Gedächtnis, in dem die Bezugspunkte unserer Existenz wurzeln und aus dem unsere Erfahrung neues Leben schöpft, ist eine Milchstraße der Erinnerungen.

Unter ihren Bildern haben auch Tiere – reale wie phantastische – ihre Bedeutung.

I. DER DOPPELKÖPFIGE ADLER
Dieses Symbol hethitischen Ursprungs (Frazer) wurde im Mittelalter von den Seldschuken übernommen. Über die Kreuzfahrer fand es Eingang in die europäische Kultur.

Der doppelköpfige Adler wurde das Wappentier der russischen und der österreichischen Monarchie sowie das aller Obersten Räte der Welt. Er erinnert an das Binäre in einer Gestalt. Der Reisende wird, wenn er im Kadosch-Lager angekommen ist, den doppelköpfigen Adler nie mehr verlassen. In diesem Grad ist der Adler schwarz und weiß. Im 33. Grad wird er ausschließlich schwarz, während der Reisende selbst weiß gekleidet ist. In den letzten Graden des Ritus symbolisiert der Doppeladler vorwiegend das Konzept der Macht.

II. DIE EHERNE SCHLANGE UND DAS WAHRE WORT
Die Eherne Schlange erscheint im 25. Grad des Alten und Angenommenen Schottischen Ritus, *Ritter der Ehernen Schlange* genannt. Das hebräische Wort für Schlange ist „nakhasch", was sich aus den Buchstaben Nun, Chet und Schin ableitet. „Nakhasch" bedeutet auch „Vorhersage, Wahrsagung", wobei diese zwei Begriffe keine reinen Synonyme sind: Das „A" von nakhasch – Vorhersage – ist ein Patach, also ein kürzeres „A" als das Kametz in nakhasch-Schlange. Dieselbe Wurzel liegt dem Verb „nakhosch", „wahrsagen" zugrunde. Die Bedeutung „Wahrsagung" findet sich in der Bibel unter 4 Mos 23,23, die Bedeutung „Vorhersage" unter 4 Mos 24,1. Nakhasch, Schlange, ist auch der Name des Königs der Ammoniter, eines Zeitgenossen Sauls und Davids (1 Sam 11,1 und 2 Sam 17,25). Es heißt, er sei der Vater von Davids Schwester Abigail gewesen. Da wir aber gleichzeitig wissen, daß

Band des „Prinzen des Königlichen Geheimnisses",
32. Grad des Alten und Angenommenen Schottischen Ritus

Davids Vater Jesse hieß, hatten David und seine Schwester nur ein Elternteil gemeinsam: die Mutter.

Leitet man die Wurzel mit einer weiblichen Endung ab („nakhoschet"), so bedeutet sie „Kupfer", aber auch „Bronze", da diese Legierung hauptsächlich Kupfer enthält. Die sagenhafte Eherne Schlange nennt sich „Nakhasch Nakhoschet" (4 Mos 21,9). Bei den Israeliten, die sie „Nekhuschtan" nannten, war sie ein Kultobjekt. Schließlich wurde sie von König Ezechiel, einem Nachkommen Davids, zerstört (2 Kön 18,3–5).

Darüber hinaus ist festzuhalten, daß die Wurzel Nun, Chet, Schin, „nakhasch" gesprochen, auch „Menstruation" bedeuten kann, wie in Ez 16,36 an jener Stelle, wo man die Prostituierte verdammt.

In der Bibel erscheint die Schlange zum ersten Mal im dritten Kapitel der Genesis. Sie kündigt an, was passieren wird, wenn Adam und Eva von der verbotenen Frucht essen. Am Anfang dieses Kapitels heißt es: „Aber die Schlange war nackt und nackter als alle Tiere auf dem Felde, die Gott der Herr gemacht hatte." In allen offiziellen Übersetzungen wird das Wort „nackt" („arum") fälschlicherweise durch „listig" übersetzt.

Die Nacktheit der Schlange bedeutet, daß sie nichts versteckt, daß sie sich so zeigt, wie sie ist, daß sie nicht lügt.

Die Eherne Schlange wurde von den Israeliten nach dem Bau des ersten Tempels im Hof aufbewahrt; das Volk – in dem Glauben sie

könne Kranke heilen – brachte ihr Opfertiere dar.

III. DER PELIKAN UND DER PHOENIX
In der maurerischen Symbolik werden Pelikan und Phoenix miteinander assoziiert: der Pelikan füttert seine Jungen mit dem eigenen Fleisch und Blut, und der Phönix ist aus seiner eigenen Asche auferstanden. Die Liebe, die bis zur Selbstaufopferung geht, wird im Zusammenhang mit dem Wissen, mit der Fortpflanzung und Erneuerung der Generationen gesehen. Das Blut zeigt sich als Lebenstrank. Die Tiere werden auf Schurzen und Kleidungsstücken des 18. Grades, auch *Ritter Rosenkreuzer* oder *Prinz Rosenkreuzer* (je nach Ritus) genannt, dargestellt.

IV. DAS LAMM
Das Lamm ist der Inbegriff der Opfergabe in allen drei monotheistischen Religionen und, noch älter, des Dionysoskults. Es kommt ebenfalls in der Bhagavadgita vor, verbunden mit dem von einem Widder getragenen Agni und mit dem Licht im Zentrum des Lebens.

In den maurerischen Riten wird das Lamm im 17. Grad des Alten und Angenommenen Schottischen Ritus (*Ritter vom Osten und Westen*) dargestellt, und zwar, wie in der Apokalypse, auf dem Buch der Sieben Siegel liegend. Im 18. Grad (*Rosenkreuzer*) wird beim jährlichen Brudermahl ein Lamm verzehrt, dessen Knochen dann feierlich verbrannt werden. Im 4. Grad des rektifizierten Schottischen Ritus (*Schottischer Andreas-*

Gegenüberliegende Seite: Der Pelikan, der seinen Kindern sein eigenes Fleisch und Blut opfert, ist ein alchimistisches Symbol des „Rosenkreuzer"-Grades.
Folgende Doppelseite: Bienenhaus und Biene versinnbildlichen die Logenarbeit. Die die Welt umschlingende Schlange wird oft als „Uroburos" (die sich in den Schwanz beißende Schlange) dargestellt.

Meister) stellt das längliche Viereck ein geopfertes Lamm und das Himmlische Jerusalem dar.

V. DER ELFENBEINSCHLÜSSEL

Der Elfenbeinschlüssel, Emblem des Geheimen Meisters, findet hier unter den Tiersymbolen Platz, weil er aus Elfenbein, einem organischen Material, besteht. Die Werkzeuge der Erbauer sind aus Mineralien oder Pflanzen – der Elfenbeinschlüssel jedoch ist kein Werkzeug, sondern ein Zeichen. Er bringt das Vorhaben zum Ausdruck, innere Schlösser zu öffnen, um in der Tiefe, wo der Körper des Meisters verfault, den noch zu gebärenden Eingeweihten zu entdecken.

Der Schlüssel heißt im Hebräischen „mafteakh", von Pe, Taw und Kh – eine Etymologie, die uns zum ägyptischen Gott Ptah führt, der die Verbindung, den Austausch und das Schöpfen ermöglicht. Der Töpfergott Ptah, den die Griechen mit Hermes assoziieren, wird als Meister der Handwerker und der Schriftführer betrachtet. Er ist der Gott des Wissens und der Gewandtheit. Pythagoras und viele andere Griechen kamen nach Ägypten, um dem Unterricht der Ptah-Priester zu folgen. Der Name Pythagoras selbst ist ein „mystischer Name" ägyptischer Herkunft, denn er wiederholt phonetisch im Griechischen die ersten Worte des Ptah-Gebets: P-T-Fh-Gh-R (das Ägyptische der Hieroglyphen schreibt, wie das Hebräische, keine Vokale), was „Ptah ist groß" oder „der Größte" bedeutet.[1]

Der Elfenbeinschlüssel wird mit der pythagoreischen Lehre und ihren Quellen in Verbindung gebracht, das heißt mit Memphis, den „Weißen Gemäuern" und mit dem Ptah-Tempel. Der älteste uns überlieferte Text der memphitischen Lehre ist die unter dem äthiopischen König Shabaka auf schwarzem Granit angefertigte Kopie eines Textes, dessen Original, wie gesagt wird, von den Würmern gefressen wurde. Es ist möglich, daß diese Texte auf die ersten Dynastien zurückgehen: „Es ist Ptah, der mit dem Großen Namen ... der Atum zeugte, der die Kompanie der neun Neter[2] zum Leben erweckte." Der Text fährt mit der Geschichte des Todes Osiris fort und beschreibt Ptah als Schöpfer: „Ptah, der Große, er ist das Herz und die Zunge der neun Neter." Die Symbolik der Neun wird im 4. Grad des Alten und Angenommenen Schottischen Ritus verwendet, dessen Abzeichen der Elfenbeinschlüssel ist.

1 Sir Alan Gardiner: *Egyptian grammar, being an introduction to the study of hieroglyphs.* 3. Aufl., Oxford University Press 1973
2 Die hebräische Wurzel *n-t-r* stellt ein ganzes Netz von Bedeutungen dar, darunter die Vorsilbe „ent". Mit Vokalen versehen, *neter*, bedeutet das Wort Natron, weißes, kristallines Natriumsalz der Kohlensäure, das sich durch Verdampfen absetzt. Es ist eine generelle Metapher für alles, was durch Lösen erzeugt wird.

Rosenkreuzer-Bijou (18. Jh.): Gekrönter Zirkel auf einem Halbkreis mit eingraviertem maurerischem Alphabet. Darüber eine Rose auf dem Kreuz und ein Phönix, Symbol des wiedergeborenen Lebens.

KAPITEL 14

DIE WELT UND DIE NATUR

DIE NATUR IST DAS ANDERE GROSSE BUCH

DER TEMPEL FUNGIERT ALS VERMITTLER ZWISCHEN DEM UNIVERSUM – DEM MAKROKOSMOS – UND DEM MENSCHEN – DEM MIKROKOSMOS. Deswegen befinden sich im maurerischen Tempel die Sonne und der Mond auf der Ostseite, der Flammende Stern auf der Westseite und an der Decke der „Sternenhimmel". Im Laufe seiner initiatischen Reise durchwandert der Freimaurer auch bestimmte natürliche Orte.

I. DIE HÖHLE

Die Höhle erscheint erstmals im 9. Grad des Alten und Angenommenen Schottischen Ritus (*Auserwählter Meister der Neun*), als Zuflucht für den Mörder. Im Hebräischen ist die Höhle mit dem „Loch" und mit den „Augenhöhlen" verwandt. Die Bedeutungen dieser Wörter sind in der gemeinsamen Wurzel „kaf", „resch" enthalten. Höhle, Loch, Augenhöhle werden „khor" oder „khour" genannt. Khor ist auch der hebräische Name des ägyptischen Gottes Horus, nachgeborener Sohn von Isis und Osiris, der in der Isissage „Sohn der Witwe" genannt wird.

II. DIE FELDER, DIE BERGE UND DIE WÄLDER

Es gibt eine Erkenntnisstufe, in welcher der Freimaurer in der Natur arbeitet. Die Wände des Tempels ahmen Felder, Berge und Wälder, Flüsse und Wasserfälle nach. In diesem Grad wird all das, was der Freimaurer bisher über die maurerische Symbolik in Erfahrung gebracht hat, in Frage gestellt. Dem Ritual nach ist die Zielsetzung dieser Arbeit „die Suche nach der Wahrheit". Es handelt sich um den 28. Grad des Alten und Angenommenen Schottischen Ritus, *Ritter der Sonne* oder *Prinz Adept*.

Der berühmte amerikanische Freimaurer Albert Pike (1809–1891) schätzte diesen Grad besonders. Er schrieb das umfangreichste jemals veröffentlichte Buch über den Ritus, „Morals and Dogma", ein so bedeutendes Werk, daß es auch unter dem Titel „Die Bibel des Schottischen Ritus" bekannt wurde. Von den 800 Seiten sind 220 dem *Ritter der Sonne* gewidmet.

Um den hohen Stellenwert nachvollziehen zu können, den Pike dieser Lehre einräumte, ist es notwendig, einen Blick auf den initiatischen Weg zu werfen, den er im Laufe seines abenteuerlichen Lebens beschritten hat: Er lebte lange Zeit bei den Indianern in Arkansas und in Oklahoma. Er sprach die Sprachen der Creeks, der Crows und der Cherokees, er unterrichtete, bevor er Rechtsanwalt wurde, in einer abgelegenen Schule, die mitten in den Wäldern lag. Während der

Der Akazienbaum gehört zu den Pflanzensymbolen, die den Freimaurer während seines initiatischen Lebens begleiten.

Sezessionskriege kämpfte er auf der Seite der Südstaaten und erlangte als Freimaurer den Grad *Souveräner General-Großinspektor* des Alten und Angenommenen Schottischen Ritus.

Die Weltanschauung der Indianer Nordamerikas steht der Lehre des *Ritters der Sonne* sehr nahe. Albert Pike hat eine indianische Botschaft übermittelt und dadurch die freimaurerische Tradition bereichert – ganz im Sinne der maurerischen Maxime „Verstreutes zusammenlegen". Innerhalb der erwähnten indianischen Kulturen werden die Rituale nicht als organisierte Kulte, sondern als Zusammenkunft erlebt. Somit wird keine dogmatische Lehre vermittelt; vielmehr geht es um den Austausch von Ideen und Eindrücken. Dies ist vermutlich der Grund, warum die Indianer alle christlichen Missionare willkommen hießen; dank ihres Sinns für die Flüchtigkeit aller Dinge respektierten sie die Meinungsfreiheit. Jedem einzelnen stand es frei, sich seinen Glauben auszusuchen und ihn auch zu wechseln, wenn er es für notwendig empfand, ohne daß er dafür verurteilt, verachtet oder bedrängt wurde. Die Indianer widersetzten sich den Missionaren erst ab dem Zeitpunkt, ab dem sie erkennen mußten, daß diese in Wirklichkeit die Vorhut von weißen, armeeunterstützten Enteignern waren. Man kann die Philosophie der Indianer so zusammenfassen: Alles Existierende findet in seiner Umgebung, was es zum Leben braucht; die Welt ist Solidarität, und eine von ihr abgesonderte Existenz ist nicht vorstellbar. Der Kreislauf der Elemente wirkt sich auf alles aus, was ist, und die Lebewesen sind mit dem Universum durch ihren Atem, ihre Nahrungssuche, ihre sinnliche Erfahrung und ihre Taten verbunden. Der Mensch ist kein höheres Wesen im Sinne eines Gottes am Gipfel der Evolution. Vielmehr sollte er mit der Natur im Einklang leben und nicht versuchen, sie zu beherrschen. Jedes Ding, ob lebendig oder nicht, ist einmalig, eine einzigartige Schöpfung des Universums. Die Indianer haben keine Angst vor dem Tod, denn sie wissen, daß sie selbst vom Tod der Pflanzen und Tiere leben. Das Böse an sich gibt es nicht. Ein Stück Land kann nie der Besitz eines einzelnen Menschen, einer Sippe oder eines Klans sein. Als sich die ersten Europäer in Nordamerika ansiedeln wollten, waren ihnen die Indianer dabei behilflich. Erst als sich die Weißen wie alleinige Grundbesitzer benahmen, zeigten sie sich feindlich. Die Sippe bedeutet den Indianern die Zusammenkunft der Individuen und nicht die Summe derer, die sie bilden. Wenn sie Rat halten, suchen sie den Konsens, doch lehnen sie dabei sowohl das Diktat eines Oberhauptes als auch eine zwingende Entscheidung der Mehrheit ab. Wird kein Konsens erreicht, so folgt jeder dem Weg, den er für den besten hält.

Bei diesen Menschen verbrachte der große Maurer Albert Pike seine „Lehrjahre", und durch diese Ausbildung respektierten ihn die Freimaurer in besonderem Maße. Als er später die Lehre des Ritters der Sonne durchlebte, erkannte er sie als essentiell und ließ ihr eine dementsprechende Anerkennung zuteil werden.

Detail eines Stichs aus dem 18. Jh.: Einer der Mörder des Architekten Hiram wird entdeckt.

KAPITEL 15

DAS LIEBESMAHL

ZUSAMMEN ESSEN UND TRINKEN

ES GIBT ZAHLREICHE MIT LOGENABZEICHEN UND MAURERISCHEN SYMBOLEN VERZIERTE TISCHGEGENSTÄNDE. SIE VERWEISEN AUF DIE Bedeutung, die die Maurer dem Zusammensein bei Tisch einräumen.

Das Festmahl ist eine der ältesten und beständigsten freimaurerischen Traditionen. Das Konstitutionenbuch Andersons von 1723, Charta der Modernen Freimaurerei, erwähnt es und schreibt es mehrmals auch vor. Tatsächlich erklärt die Festmahltradition die zahlreichen Versammlungen in Restaurants oder Gasthäusern sowie die Tatsache, daß die Freimaurerei im 18. Jh. bisweilen mit den zur damaligen Zeit verbreiteten bacchischen Gesellschaften verwechselt wurde.

Zwingend ist ein jeder Arbeitssitzung folgendes Festmahl oder „Brudermahl" nur im Emulations-Ritus. In französischen und schottischen Riten findet einmal pro Jahr das „Bankett des Ordens" statt. Der Tisch bildet einen Halbkreis, Speisen und Getränke werden von den Lehrlingen serviert.

Auch die von den Logen organisierten Sonnwendfeste enden mit einem Festmahl, zu dem manchmal sogar nicht-maurerische Familienmitglieder und Freunde eingeladen werden.

Das Ritual des „Banketts des Ordens" ist den Traditionen früherer Militärlogen entlehnt. Bei diesen „Kauarbeiten" oder „Tafellogen" wird das Wasser „schwaches Pulver", der Wein „starkes Pulver", der Champagner „prickelndes Pulver" und die Spirituosen und Liköre „Blitzpulver" genannt. Das Brot heißt „Mörtel" oder „rauher Stein", das Glas „Kanone", die Servietten „Fahnen", die Gabel „Spaten", das Messer „Degen", die Nahrungsmittel „Materialien", das Salz „Sand", der Pfeffer „gelber Sand" und einschenken „laden". Im 18. Jh. hielten die Freimaurer ihre Sitzungen in Gasthäusern ab. Die Symbole wurden mit Kreide auf den Fußboden gezeichnet und nach getaner Arbeit wieder weggewischt. Dann setzte man sich zum Mahl zusammen. Oftmals waren die Logen nach dem entsprechenden Gasthaus benannt, was den Freimaurern einigen Spott eintrug. 1738 ging ein Lied über die Freimaurer in ganz Paris um: „Wir besingen der Freymaurer Verdienst und Ruhm. Die Freymaurer sind gar hübsche Burschen, die zum Saufen sich versammeln. Darauf beschränkt sich der Freymaurer Tun."[1]

Das Zusammensein bei Tisch bereitete den Teilnehmern nicht nur Freude und kulinarische Genüsse, sondern spielte auch eine gewichtige

Gläser mit eingravierten Symbolen, wie sie bei den Banketten und Brüdermahlen verwendet wurden. Sie werden „Kanone" oder Kelch genannt.

soziale Rolle; es prägte die Geistes- und Verhaltensgeschichte und darüber hinaus die Geschichte an sich. Wir wissen von der Bedeutung der Festessen für die Philosophen des 18. Jh., der Zeit der Aufklärung. Schmackhafte „Materialien" und „starkes Pulver" bei Tisch stimulierten das Denken – solange sie nicht im Magen lagen und die Geistesblitze erloschen. Man tauschte Neuheiten aus, man erzählte manch witzige Anekdote. Am nächsten Tag waren die Bonmots in aller Munde und ärgerten so manchen Machthaber. Es wurde gestaunt, es wurde bewundert, es wurde gespottet und gelacht. Philosophen, Künstler, Aristokraten, Handelsleute, Handwerker, oft von sehr bescheidenem Stand, Leute, die, wie es in der Gründungscharta der Modernen Freimaurerei heißt, „sonst nie zusammengefunden hätten", teilten eine Mahlzeit in einer Atmosphäre der entspannten Brüderlichkeit. Jeder sagte, was er zu sagen hatte, und die versammelte Gesellschaft hörte ihm zu. Betrachten wir das mit den Abzeichen der Logen verzierte Geschirr: Es preist das Festmahl, eine gesellschaftsbildende Form des Zusammenseins, die es erlaubt, die ernste Logen-Arbeit am nächsten Tag fortzusetzen und zu erneuern.

Die Ruhe, die Gelassenheit und die Qualität der Arbeit sind dadurch gesichert, daß zu einem späteren Zeitpunkt für Rausch und Regression gesorgt ist. Damit das Werk vollendet werden kann, müssen sich Apoll und Dionysos abwechselnd den Ehrenplatz überlassen. „Agape" ist das griechische Wort für Zärtlichkeit.

Der Begriff der Zärtlichkeit hat eine Vielzahl von Konnotationen wie Zuneigung, Liebe oder Hingabe. Das lateinische Wort, das dem griechischen „agape" entspricht, ist „caritas", was wir mit „Barmherzigkeit" übersetzen. Deswegen ist die in vielen maurerischen Texten übliche Übersetzung von „agape" mit „Liebe" ungenau. Im Griechischen besitzen „eros" und „agape" eine deutlich zu unterscheidende Bedeutung. „Eros" bezeichnet eine besitzende, „agape" eine rücksichtsvolle und auf das Wohlwollen der anderen bedachte Liebe. „Eros" steht für die leidenschaftliche, glühende Liebe zwischen Liebenden. Im Laufe der Zeit entwickelte sich der Sinngehalt dieses Begriffs, und die sexuelle Leidenschaft wird zur Metapher der mystischen Regung, des spirituellen Eifers. „Agape" hingegen eignet sich eher zur Beschreibung einer brüderlichen, einer reinen und gelassenen Liebe. So stellt das Liebesmahl ein Teilen der Nahrung für den Körper, für das Herz und für den Geist dar. Die empfundene Lust ist dabei von großer Bedeutung. Die Gesellen, die das Brot teilen, betrachten das Vergnügen und das Glück als legitim.

1 *Des fre maçons*, ms. fr., 1738. Bibliothèque nationale de France.

Teller aus der Porzellanfabrik von Choisy und Creil, 1810. Alle bedeutenden Fayence-Erzeuger haben für Freimaurer eigenes Tischgeschirr hergestellt.

KAPITEL 16

DIE MEIST- PRAKTIZIERTEN RITEN

RITEN PRAKTIZIEREN, UM VERHALTEN ZU UNTERSUCHEN

JEAN-MARIE RAGON DE BETTIGNIES (1781–1886), VERFASSER ZAHLREICHER STU-DIEN ÜBER ZEREMONIEN UND RITUALE SOWIE Herausgeber der ersten französischen maure-rischen Zeitschrift, „Hermès", erstellte eine Liste von 52 praktizierten freimaurerischen Riten. Alle bieten den Übergang in höhere Erkenntnisstufen an, Grade genannt, wobei Symbole gezeigt und sagenhafte wie historische Geschichten darge-stellt werden. Alle Riten beginnen mit den drei ersten Graden: Lehrling, Geselle und Meister.

Mit „schottisch" meint man einen Ritus oder, wie im 18. Jh. gesagt wurde, ein „System", das man in allen Teilen der Erde antrifft. 1730 stößt man in England auf die Existenz eines schottischen Freimaurergrades, und 1733 gab es in London schottische Freimaurerlogen (Scotch Mason's Lodges). Erst am 25. Juni 1801 wurde in Philadelphia/USA der Alte und Angenommene Schottische Ritus (A. u. A. S. R.) gegründet, der 33 Grade aufweist. Seitdem fand dieses System weltweite Verbreitung. In Frankreich wurde 1882 in der diesem Ritus angehörenden Loge „Libres-Penseurs du Pecq" unter Mißachtung der patriarchalischen Vorurteile eine Frau aufge-nommen: Maria Deraisme. Diese gründete 1893 eine internationale, gemischte Obedienz, „Droit Humain", die in vielen Ländern auch heute noch ständig wächst und die im Alten und Angenommenen Schottischen Ritus arbeitet. Die „Grande Loge Féminine de France", 1952 gegründet, gehört dieser Obedienz an. Von den ausschließlich männlichen französischen Obedienzen (Großloge) folgen dem Alten und Angenommenen Schottischen Ritus die „Grande Loge de France", die „Grande Loge Nationale Française" und einige Logen des „Grand Orient de France".

Der rektifizierte Schottische Ritus, zwischen 1778 und 1787 gegründet, weist sechs Grade auf. Das System Emulation Working, das die Bezeich-nung „Ritus" ablehnt, ist das Ergebnis der 1813 erfolgten Versöhnung der seit 1753 über Ritus-fragen streitenden Freimaurer.

Dies sind die auf dem Erdball meistver-breiteten Riten, doch wäre diese Liste unvoll-ständig, würde sie nicht den Memphis-Misraim-Ritus erwähnen. Er zählt zwar bloß ein paar Tau-send Anhänger, doch sind die ausübenden Logen auf allen fünf Kontinenten anzutreffen. Der Ritus kennt 95 Grade; seine Lehre bezieht sich auf das pharaonische Ägypten. Gegründet wurde er im Jahre 1899, als sich zwei Riten, Memphis und Misraim (das hebräische Wort für „Ägypten"),

Wenn der Eid geleistet wird, liegen Zirkel und Winkelmaß auf Andersons Konstitutionenbuch.

THE

CONSTITUTION,

Hiſtory, Laws, ...ges, Orders,
Regulatio... Uſages,

Right Worſ... FRAT...ITY of
Accept... Free MAſONS;

COLLECTED

From ... ir general RECOR... and
the ... faithful TRADIT... of
m...y Ages.

TO BE READ

...dmiſſion of a NEW BROTHER, w...
... or Warden ſhall begin, or ...
... to read as follows:

... our firſt Parent...
...od, the g...
...

the Pr... on Year ...
which, in ... the W... 1.
... 4003:
... ng, and before
Chriſt.
... forth into
a con-

ace,
...hip:
...ible

zusammenschlossen. Die Memphis-Misraim-Freimaurer sind jedoch keine Träumer, die sich der fanatischen Auslegung von Hieroglyphen widmen und hoffen, darin die Quintessenz sublimer Wahrheiten zu finden. Der beste Beweis dafür ist die Tatsache, daß der erste auf Lebenszeit gewählte Generalgroßmeister des Memphis-Ritus niemand anderer als Giuseppe Garibaldi war, Freiheitskämpfer und Gründer der Italienischen Republik. Eine bemerkenswerte historische Figur, deren Werk im Einklang mit dem großen Vorhaben der Freimaurer steht: dem Kampf für die menschliche Würde.

WAS BESAGEN DIE FREIMAURERISCHEN RITEN?
Die maurerischen Rituale sind in spezifischen Riten organisiert und schaffen so eine für den Worttausch günstige Atmosphäre. Der Freimaurer Goethe schrieb „Das Märchen", worin es im Gespräch zwischen dem König und der Schlange heißt: „Was ist herrlicher als Gold?", fragte der König. – „Das Licht", antwortete die Schlange. – „Was ist erquicklicher als das Licht?", fragte jener. – „Das Gespräch", antwortete diese.

In der Loge hat der Bruder seine Handschuhe an und seinen Schurz umgebunden; er schaut zu und nimmt teil, erprobt sich in der Erfahrung einer Gesellschaftlichkeit, die auf dem Wunsch „Verstreutes zusammenzulegen" basiert. Diese Maxime findet sich in allen Riten und in allen Kommentaren zu diesen Riten. Sie bietet mehrere Verständnisebenen: die soziale, auf der

Menschen zusammengebracht werden, die sonst nie zusammengekommen wären; die Ebene des Diskurses über die Realität, in dem Fortschritte in der Erkenntnis bedeuten, Wissen zu sammeln und Brücken zu schlagen.

Dies haben alle Riten gemeinsam. Darüber hinaus besitzt jeder Ritus ein eigenes „Gedächtnis" und seinen eigenen Stil. Der Alte und Angenommene Schottische Ritus ruft den „Allmächtigen Baumeister aller Welten" an, der als Gott oder als Symbol für das Unfaßbare und das Werden betrachtet werden kann. Das Buch des Heiligen Gesetzes ist das Johannes-Evangelium. Es wird auf der ersten Seite, die mit dem Satz „Am Anfang war das Wort" beginnt, aufgeschlagen. In der Mitte der Loge stehen drei Säulen. Ihre Lichter werden bei Arbeitsbeginn entzündet und bei der Schließung gelöscht. Sie versinnbildlichen die Dreiheit „Weisheit-Stärke-Schönheit".

Der rektifizierte Schottische Ritus greift ebenfalls auf das Johannes-Evangelium zurück und stellt in der Loge eine gebrochene Säule mit der lateinischen Inschrift „adhuc stat" („bis heute steht sie" oder „noch steht sie") auf. Dieser Ritus weist weiters folgendes Merkmal auf: der vierte symbolische Grad, *Schottischer Andreas-Meister*, wird als Ergänzung zum Meistergrad betrachtet.

Der besondere Stil des Emulations-Ritus begründet sich auf die auswendige Rezitation des Rituals und das Schichtensystem der Ämter. Die Beamten der Loge wechseln jedes Jahr nach einer genau vorgeschriebenen Ordnung die Funktion.

Diese Zeichnung aus dem Jahr 1849 stellt eine Sitzung der Loge „Les Démophiles" dar.

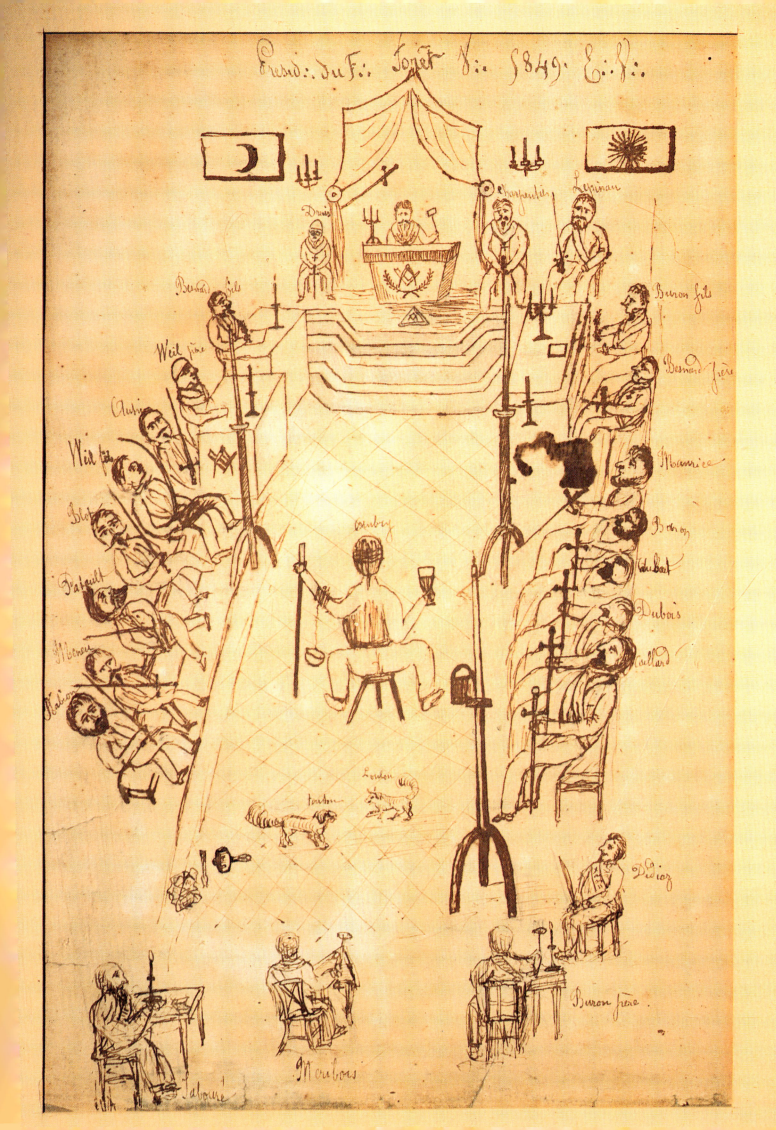

So weiß der Zweite Aufseher, daß er das darauf-folgende Jahr Erster Aufseher und zwei Jahre darauf Logenmeister wird.

Der Memphis-Misraim-Ritus legt im allge-meinen großen Wert auf die von der ägyptischen Lehre geprägte Esoterik.

Wenn wir das Wort „Lehre" gebrauchen, so meinen wir damit keinen Unterricht im Sinne von Lehrveranstaltungen, sondern verstehen es vielmehr als Umsetzung des Spruches „Nicht lernen, sondern erleben", so wie auch Aristoteles die Eleusinischen Mysterien charakterisierte.

Alle Lebensstile, die mit jenen intellek-tuellen und spirituellen Geistesbewegungen verbunden sind, die an der Geschichte unserer griechisch-römischen und jüdisch-christlichen Zivilisation mitwirken, sind im Gedächtnis der Riten festgehalten und werden durch die Logenarbeit der Freimaurer beseelt. Es gibt zahl-reiche Bezüge zum Alten Testament, besonders beim Alten und Angenommenen Schottischen Ritus. Das Rittertum mit seinen Tafelrunden und das Abenteuer des Templerordens mit dem tra-gischen Ende von Jacques de Molay werden vor allem in den höheren Graden der schottischen Riten lebendig.

Die wichtigste Sage der Freimaurerei, der Mord an Hiram durch drei Gesellen, wird schließlich in allen Riten unterrichtet. Im Grad des Meisters hat der Freimaurer die Hirams-passion erlebt. Diese Legende, die nicht in der Bibel zu finden ist, ist sehr alt und gehört zum kulturellen Erbe unserer Zivilisation. Sie ist allen

– Freimaurern wie Profanen – in einem Kapitel von Gérard de Nervals „Voyage en Orient" zu-gänglich: „Les Nuits du Ramazan". Und Nerval war kein Freimaurer.

Dies führt uns zum Schluß dieses Kapitels: Die Freimaurer haben weder Geheimnisse noch ein Geheimnis. Wer sich umfassend über Riten und Rituale informieren möchte, kann dies tun, da alles veröffentlicht und welweit über Biblio-theken und Buchhandlungen zugänglich ist. Dennoch: Wer sich auf diese Weise Informa-tionen angeeignet hat und sich als Freimaurer ausgeben möchte, wird von den wahren be-stimmt bloßgestellt werden. Man stelle sich ei-nen Gelehrten vor, der alles über Wein gelesen hat und sich als Weinverkoster ausgibt, ohne je-mals ein Glas Wein getrunken zu haben. Dies führt uns zurück zu Aristoteles: „Nicht lernen, sondern erleben".

Detail eines Stiches von Léonard Gabanon, 1745.
Die Szene zeigt eine Aufnahme in den Meistergrad.

KAPITEL 17

DIE ADOPTIONS-LOGEN

DIE ZUSAMMENARBEIT VON SCHWESTERN UND BRÜDERN

DIE ADOPTIONSMAUREREI IST EINE FORM DER FRAUENFREIMAUREREI IM 18. JH.; HEUTE WIRD SIE NICHT MEHR PRAKTIZIERT. ALS ÄLTESTE Adoptionsloge bezeichnet der Historiker Marcy die Loge „La Félicité" in Dieppe, tätig von 1766 bis 1773. Sie wurde 1782 erneut ins Leben gerufen und empfing Ehefrauen, Töchter, Schwestern und nähere Verwandte der Maurer. In Paris finden wir ähnliche Logen: „La Fidélité", „La Candeur", „Les Neufs Sœurs", „Saint Jean d' Ecosse du Contrat social". Sie waren Männerlogen angegliedert.

Dem Adoptionsritus war die Symbolik der Werkzeuge fremd, bezog er sich doch vorwiegend auf die Bibel: der Apfel, die Arche Noah und der Turm zu Babel bildeten die Hauptthemen. Der Ritus kannte vier Grade: *apprentie, compagnonne, maîtresse, maîtresse parfaite* oder *parfaite maçonne (Lehrmädchen, Gesellin, Meisterin, Vollkommene Meisterin* oder *Vollkommene Maurerin)*. Die Loge „La Candeur" kannte als einzige einen fünften, den der *sublime écossaise (Erhabene Schottin)*.

Ab 1789 wurden die Adoptionslogen vor allem von Damen des Hochadels besucht, unter ihnen die Herzogin von Lamballe und die Herzogin von Bourbon. Mit großer Freigiebigkeit widmeten sie sich karitativen Zwecken. Nach der Französischen Revolution wurde die Adoptionsmaurerei durch Kaiserin Joséphine wiedererrichtet; am 16. März 1822 hielt Raspail eine Rede in der Adoptionsloge „Les Amis bienfaisants".

Am Beginn des 20. Jh. versuchte die „Grande Loge de France", die Adoptionsmaurerei wiederzubeleben, und zwischen 1901 und 1935 wurden etwa zehn Werkstätten gegründet. 1935 entschloß sich die „Grande Loge de France", den Frauenlogen die Unabhängigkeit zu gewähren. Im Jahr 1945 nahm die „Union maçonnique féminine" ihre Tätigkeit auf. Heute heißt sie „Grande Loge Féminine de France". Ihre Entstehung bedeutete das Ende der heute überholten Adoptionslogen.

Der rektifizierte Schottische Ritus kannte niemals eine einzige Adoptionsloge, und die großen angelsächsischen Logen lehnen sie strikt ab.

Gegenüberliegende Seite: Logenteppich der Loge von Mons-en-Hainault, 18. Jh.: Adoptionsloge mit den Symbolen der Hochgrade
Folgende Doppelseite: Darstellung einer Aufnahmezeremonie in eine Adoptionsloge. Die Tafeln der Logenbeamten werden von einer Frau und von einem Mann gemeinsam gehalten. Aquarellisierte Zeichnung, 19. Jh.

KAPITEL 18

DIE IDEE UND DAS HANDWERK

DIE IDEE IST EINE ZU BEARBEITENDE MATERIE

DIE TRADITION IST DAS LEBENDIGE GEDÄCHTNIS DER FREIMAURER, AUF DER IHRE KREATIVITÄT AUFBAUT; SIE ERHELLT DAS WIE UND Warum der Freimaurerei. Seit dem 18. Jh. gibt es überall auf der Welt Freimaurer, die jedoch nicht alle die gleichen Ziele verfolgen. Nicht immer erkennen sie sich gegenseitig an. Manche werden aufgrund einer bestimmten Auffassung von Freimaurerei verstoßen. Es kam vor, daß Freimaurer im Gefängnis saßen, während – zur selben Zeit, im selben Land – andere an der Macht standen.

Was die Religion betrifft, gibt es bei den Freimaurern Gläubige und Ungläubige. In der Politik trifft man Anarchisten wie Demokraten, Konservative wie Liberale, Nationalisten wie Internationalisten. Alle Strömungen sind vertreten, doch eines gibt es nicht: Extremismus und Fanatismus.

Die Freimaurerei übt zwar einen realen Einfluß auf die Polis aus, doch wirken umgekehrt auch alle anderen aktiven Strömungen innerhalb der Polis auf die Logen ein. Schon immer wurde versucht, die Freimaurer mit Hilfe orthodoxer, politischer und religiöser Instanzen, durch ideologische Apparate und Lobbys zu annektieren und zu manipulieren.

Ein Verständnis der freimaurerischen Arbeitsweise führt über die Erforschung ihrer Geistesströmungen. Tatsächlich nehmen die Phantasie, die Vernunft, die Intuition, die Gelehrtheit und die traumbezogene Phantasie an der Schaffung von Metaphern teil. Die Werkzeugsymbolik spricht vor allem vom Werden, einem Begriff, in dem sich die Intelligenz des Geistes und jene des Herzens gegenseitig befruchten. Wie schon Marsilio Ficino, Leiter der Platonischen Akademie zu Florenz – einer Gesellschaft des 15. Jh., die als Vorläufer der heutigen Freimaurerei gilt – bemerkte, können Brüderlichkeit und wahre Freundschaft nur zwischen wißbegierigen Menschen bestehen: sei es aus Freude am Lernen oder nur, um die Welt besser zu verstehen.

Die Wahl des operativen Modells durch Geistesmenschen erscheint folgerichtig, ist doch die Idee auch die zu bearbeitende Materie des Philosophen. Der Handwerker verwandelt die Materie. Dabei benutzt er schon vorhandene Werkzeuge und fabriziert, falls notwendig, neue. Er vermittelt sein Können an die Nachkommenden. Zwischen den Philosophen und den Handwerkern gibt es also weder Filiation noch Rangunterschiede, sondern Analogie und Ergänzung.

Der Steinmetz von François Sicard erinnert an die operativen Ursprünge der Freimaurerei.
Folgende Doppelseite: Der junge Maurer muß lernen, den Stein zu behauen. Man vergleicht ihn mit einem rauhen Stein.
Der behauene Stein versinnbildlicht die Entwicklung des Freimaurers: Er fügt seinen Stein in den Bau der Menschheit ein.

KAPITEL 19

FREIMAURER WERDEN

EINEN SCHRITT WEITER GEHEN

IN DER REGEL WIRD MAN ZUM FREIMAURER GEWÄHLT. JEDER KANDIDAT HAT EINEN BÜRGEN, DER IHN IN DIE LOGE EINFÜHRT. MAN kann aber auch eine jener Obedienzen anschreiben, die sich in Zeitschriften und Radiosendungen an ihr potentielles Publikum wenden. In Frankreich gibt es im Sender „France Culture" jeden Sonntagvormittag eine Sendung („Divers aspects de la pensée contemporaine"), die sich dem „Grand Orient de France", der „Grande Loge de France", dem „Droit Humain" und der „Grande Loge Féminine de France" öffnet.

Diese freimaurerischen „Familien" legen ihre Meinungen zu aktuellen Themen dar und laden die Hörer ein, ihnen zu schreiben; dann wird den Interessenten Informationsmaterial zugeschickt. Wenn weiterhin Interesse besteht, wird ihnen ein Freimaurer zugeteilt, mit dem sie sich ausführlich unterhalten können und der vielleicht für sie bürgen wird. Sobald die Kandidatur der Loge gemeldet ist, stimmen ihre Mitglieder darüber ab, ob dem Ansuchen nachgekommen werden soll. Dann beauftragt der Meister vom Stuhl drei Brüder – die nicht voneinander wissen – mit einer Recherche über die Person des Kandidaten. In deren Verlauf trifft der Informator den Suchenden und verfaßt einen Bericht über ihn, der dann in der Loge vorgelesen wird. Das Bild mit Namen und Beruf des Kandidaten wird auf einer Tafel in einem Durchgangsraum innerhalb der Räumlichkeiten der Obedienz ausgestellt, damit auch Brüder der anderen Logen über die Kandidatur informiert werden. Dann erlebt der Kandidat die Probe des Verhörs: mit verbundenen Augen wird er von den Brüdern, die vorher die Berichte der Informatoren gehört haben, in der Loge befragt. Anschließend wird abgestimmt. Normalerweise ist eine einfache Mehrheit für die Aufnahme nicht ausreichend. Manche Logen verlangen sogar die Einstimmigkeit; meistens genügt eine Dreiviertelmehrheit.

Nicht überall findet diese Prozedur Anwendung. Manche Logen empfangen den Kandidaten im Saal der Verlorenen Schritte des Tempels oder in einem benachbarten Büro und unterlassen die Befragung mit verbundenen Augen. In diesem Fall tragen die Informatoren eine weit größere Verantwortung.

I. EINIGE BERÜHMTE FREIMAURER

Die folgende Liste ist nicht vollständig; doch zeigt sie, wie unterschiedlich und zahlreich die Strömungen sind, die innerhalb der Freimaurerei anzutreffen sind.

Detail einer Bronze Voltaires, Mitglied der Loge „Les neufs sœurs"

Freimaurer waren viele Reichsmarschälle und Mitglieder der Bonaparte-Familie, Napoleon (einer hartnäckigen Legende zum Trotz) ausgenommen; Anarchisten wie Pierre-Joseph Proudhon, Bakunin, Kropotkin, Francisco Ferrer; Freiheitskämpfer wie Simon Bolivar, San Martino, Benito Juarez, Giuseppe Garibaldi, La Fayette, Rochambeau, Washington; Prinzen, Könige und Royalisten wie der Herzog von Brunswick (Großmeister), englische Könige, Friedrich der Große – der darüber hinaus Musiker, Komponist und Autor des beachtenswerten Textes „Der Antimachiavel" war – schwedische Könige, der Herzog von Decaze, Premierminister von Ludwig XVIII., Prinz Murat, der auch unter Napoleon III. Großmeister war, der Scheich Abd el-Kader. Unter den Regierenden unserer demokratischen Staaten sind zahlreiche Präsidenten der Vereinigten Staaten von Amerika zu erwähnen, in Frankreich mehrere Ministerpräsidenten und Minister wie Jules Ferry, Émile Combes und Jean Zay.

An dieser Stelle darf auch einer der wichtigsten Freimaurer unseres Jahrhunderts nicht fehlen: Tomàš Garrigue Masaryk, Gründer der Tschechoslowakischen Republik und Autor zahlreicher Bücher: „Über den Selbstmord", „Pascal", „Zur konkreten Logik", „Die Soziale Frage" (1898), eine Analyse und Ablehnung des Marxismus, „Der moderne Mann und die Religion" (1934), ein Plädoyer für die Meinungsfreiheit. Darüber hinaus schrieb er aufschlußreiche Studien zu Goethe, Byron, Musset, Zola, Maupassant, Shelley, Poe, Baudelaire.

Zu erwähnen sind auch einige Schriftsteller, Künstler und Wissenschaftler: Helvetius, Voltaire, Montesquieu, Condorcet, Littré, Lessing, Goethe, Herder, Wieland, Puschkin, Carducci, Kipling, Mozart, Haydn, Glück und nicht zu vergessen so unterschiedliche Persönlichkeiten wie Davy Crockett, Duke Ellington, Louis Armstrong, Jacques Brel, Pierre Dac und Kurt Tucholsky.

Lajos Kossuth, Führer der ungarischen Freiheitsbewegung und Reichsverweser im Revolutionsjahr 1849, war ein großartiger Freimaurer. Er förderte die Menschenrechte und bestärkte das nationale Empfinden in Werten wie Gerechtigkeit und persönlicher Freiheit. Kossuths Nationalismus sowie jener von Freimaurern wie Garibaldi, Bolivar und San Martino verteidigte die Freiheit des Individuums und bekämpfte feudale Strukturen.

In Rußland waren die Freimaurer besonders in der Regierung Kerenski vertreten, angefangen bei Alexander Fjodorowitsch Kerenski selbst.

Gegenüberliegende Seite: Rechts im Bild Wolfgang Amadeus Mozart
Folgende Doppelseite: Mozart in der Loge „Zur neugekrönten Hoffnung", um 1790

SCHLUSSWORT

DIE LEGENDEN, DIE IN DEN FREIMAURERI-
SCHEN RITEN ERZÄHLT WERDEN, ÜBERMIT-
TELN HISTORISCHE FAKTEN UND MÜNDLICHE
wie schriftliche Traditionen – oft undurch-
sichtigen Ursprungs – mit dem Ziel, Orien-
tierungen für das Gedächtnis und für das
Handeln zu liefern. Die rituale Form erschafft
den Sinn, der langsam zum Gefüge, zum Kno-
chengerüst und schließlich zum tragenden Schema wird. Die Gesellschaft der Freimaurer, die
ungewöhnliche Landschaften durchreist, erprobt
sich selbst in den wundersamen Geschichten
einer realen und erträumten Vergangenheit.

Warum und wie kommt es, daß Menschen
unserer Zeit, in der Absicht, ihr Schicksal zu
beherrschen, zu den Quellen ihres Ichs finden,
indem sie sich mit den maurerischen Ritualen
auseinandersetzen? Jenseits des „Denkens von der
Stange" erlaubt die bunte Palette der maurerischen Rituale, die Stimmen der menschlichen
Generationen zu vernehmen. Von einem Ort
zum anderen entledigen wir uns unserer profanen
Bekleidung und lassen uns mit Licht-Gewändern
historischer und sagenhafter Figuren ausstatten.
Einen Schritt weiter gehen und Verstreutes zusammenlegen – das antike Symbol des Kreises
mit den in seinem Zentrum zusammentreffenden
Strahlen versinnbildlicht dies sehr treffend.

Die Traditionalisten widersetzen sich dieser
Auffassung. Sie wollen die Zeugen des Ursprungs,
die Hüter der Beständigkeit, die Aktivisten der
Rückkehr sein. Wenn wir „weitergehen wollen",

ist es statthaft, ihnen den Status von Beleuch-
tungsträgern zu-, und jenen von Lichtträgern
abzuerkennen.

Die alte Polarisierung Konservative–Fort-
schrittliche, Illuminaten–Aufgeklärte, Spiritua-
listen–Materialisten hat ausgedient. Unsere
Lehre ist keine uneingeschränkte Wahrheit und
keine Orthodoxie. Wir führen einen Diskurs, der
erleuchtet, doch nicht vollkommen ist. Somit
benötigen wir das Licht aller anderen Diskurse.

Der neue Geist akzeptiert Spaltungen, welcher Natur auch immer, und billigt ihnen eine
Funktion zu, eine Notwendigkeit, eine historische Legitimität. Gleichzeitig erwartet er ihre
Vervielfältigung und ihre Auflösung. Hermes, der
Gott, der die Grenze erfunden hat, zeigt uns
auch, wie man diese Grenze überschreitet.

Die Mythologie von Hermes lehrt uns, daß
Grenzsteine dazu da sind, überschritten zu wer-
den. So stiehlt der junge, lächelnde Gott einen
Teil der Rinder seines Bruders Apoll, um sie den
Menschen zu schenken. Der Diebstahl wird ver-
ziehen, weil er Zeus zum Lachen gebracht hat.
Hermes führt den Reisenden und führt ihn in die
Irre.

Die drei Brüder – Apoll, Dionysos und Hermes –, oft grundverschieden und sich doch immer ergänzend, sind die Prinzen des „Reiches der
Mütter", das wir mit Hilfe der Werkzeuge des Erbauers zu erforschen genötigt sind: Maßstab, Zirkel, Hebel, Meißel, Lot, generell alle Meßwerk-
zeuge.

Teppich der Loge von Mons-en-Hainault, 18. Jh.
Er stellt den 14. Grad des Alten und Angenommenen Schottischen Ritus dar.

GLOSSAR

Auch die Freimaurerei hat ihren eigenen Jargon. Sie bedient sich allgemein gebräuchlicher Wörter, die jedoch in ihrer besonderen Bedeutung der Kunst und den Brauchtümern der Freimaurer entsprechen. Die Symbole sind universell. Die Freimaurer aber verbinden, organisieren und kommentieren sie auf ihre Art. Der Diskurs über die Symbole bezieht sich auch auf Termini, die nur mit einer bestimmten Bedeutung verwendet werden können und einer näheren Erläuterung bedürfen. In folgendem Glossar wird man nicht die Symbole finden, die in diesem Buch präsentiert werden, sondern nur häufig vorkommende Ausdrücke. Der Leser erhält präzise Informationen, die ihm immer dann von Nutzen sein werden, wenn er von Freimaurern hört oder liest.

ÄMTER, BEAMTE: Der Tätigkeitsbereich bzw. die Brüder, die die Ämter in der Loge bekleiden, das heißt der Meister vom Stuhl, Leiter der Loge, und sein Team, das Kollegium der Beamten. Der Erste Aufseher leitet die Südsäule, wo die Gesellen sitzen, der Zweite Aufseher die Nordsäule, bei der die Lehrlinge zu finden sind. Der Sekretär ist der Schriftführer der Loge. Er schreibt die Sitzungsprotokolle, verwaltet das Archiv und erledigt den Briefwechsel. Der Redner hat darauf zu achten, daß die Gesetze und Vorschriften der Loge eingehalten werden. Er verlautbart seine Meinung darüber, ob eine Abstimmung angebracht ist. Auch darf er einen eventuellen Fehler des Meisters vom

Stuhl beanstanden. Er hält die Vorträge bei der Aufnahme der Suchenden. Dem Almosenier steht die Sammlung der Gaben (Witwensack) und deren Verwaltung zu. Der Schatzmeister verwaltet die Finanzen der Loge: Er sammelt die Beiträge und erledigt die Ausgaben. Der Großexperte, auch Vorbereitender, und der Zeremonienmeister haben darauf zu achten, daß die Riten eingehalten werden und die Zeremonien korrekt ablaufen. Der Torhüter oder Ziegeldecker bewacht den Eingang zur Loge und versichert sich vor Beginn der Arbeiten, daß die Loge „gehörig gedeckt ist", das heißt daß kein Mitglied der Loge und kein Besucher aus einer anderen Loge im Saal der Verlorenen Schritte des Tempels warten muß.

ARBEIT: Die maurerische Sitzung.

ATELIER (WERKSTATT): Jede freimaurerische Organisation. Es gibt keine alleinstehenden Freimaurer. Je nach Grad (Erkenntnisstufe) erhalten die Ateliers verschiedene Namen. In den drei allen Riten (s.d.) gemeinsamen ersten Graden ist es eine „Loge" (s. d.). Sie trägt unterschiedliche Bezeichnungen: „Perfektionsloge", „Kapitel", „Rat", „Collegia", „Aeropag", „Konsistorium", „Lager" und, bei höheren Erkenntnisstufen oder Graden, „Oberster Rat". Daneben finden sich Bezeichnungen wie „Hof", „Hof des Sinai", „Hierarchie", „Dritter Himmel". Jeder dieser Ausdrücke impliziert ein eigenes Ritual. Das Atelier

wird von den Brüdern eingerichtet. Sie tragen die dem jeweiligen Ritual entsprechende Bekleidung (Schurz, Band und Schärpe).

AUFNAHME (EINWEIHUNG): Einführungs-, Aufnahmezeremonie eines Kandidaten in eine Loge. Die maurerische Einweihungszeremonie übernimmt Bräuche von Aufnahmezeremonien jener Berufe, auf die sie zurückgeführt wird. Generell erscheint der Aufnahmeritus als Durchgangsritus.

AUFSEHER: siehe Ämter, Beamte

FREIMAURER: Die Etymologie des Ausdrucks ist umstritten. Man kann zwischen drei Interpretationen wählen:
– „Freestone Mason": Englische Bezeichnung für den Steinmetz, der den weicheren Stein bearbeitet, zum Unterschied vom „Roughstone Mason", der den härteren Stein behaut. Mit Meißel und Hammer schuf der Freestone Mason bildhauerische Arbeiten.
– „Frei" bezieht sich auf die im feudalen Recht bindende Angehörigkeit des Mannes an sein Grundstück. Die „Freiheit" in diesem Sinne befreite von manchen Pflichten, und der „freie" Maurer hatte die Möglichkeit zu reisen.
– Das Wort „frei" bezieht sich nicht auf den Menschen, sondern auf seinen Beruf. Demnach wären die Freimaurer die von dem Zunftzwang der Stadtgemeinde befreiten Maurer und Mitglieder einer Bruderschaft, die bestimmte Vorrechte ge-

nießt. Dem „Livre des Métiers" von Etienne Boileau (1268) zufolge läßt sich die Befreiung auf die Steinmetze, die Zimmerleute und die Gipsarbeiter, nicht aber auf die Maurer anwenden.

GRAND ORIENT: Föderation von Logen, die verschiedene Riten praktizieren (siehe Obedienz).

GROSSLOGE: Größte Organisationsstufe der Logen (Föderation von Logen), die denselben Ritus praktizieren (siehe Obedienz).

LOGE: Die Loge ist der Ort, an dem sich die Freimaurer versammeln. Die Loge kann ein Lokal sein, das für freimaurerische Zwecke eingerichtet ist, doch ist dies nicht zwingend. Sieben Freimaurer können an einem Ort ihrer Wahl eine Logensitzung abhalten, zum Beispiel bei einer privaten Person, in einem Gasthaus oder unter freiem Himmel. Während des Krieges gründeten Freimaurer Logen in Konzentrationslagern und nahmen neue Brüder auf.
Die Loge bezeichnet auch jene Freimaurer, die zusammen arbeiten: z. B. die Loge „Zur Wohltätigkeit" (die Loge Mozarts), „La Clémente Amitié" (Jules Ferry), „Etienne Dolet" (Jean Zay).

OBEDIENZ: Föderation von Logen mit gemeinsamer Organisation und Verwaltung. Wenn die Logen den gleichen Ritus praktizieren, heißt die Obedienz Großloge, sonst Grand Orient (in Frankreich). Die Gremien der Obedienzen werden einmal im Jahr gewählt, bei der Generalversammlung der Logenvertreter.

ORDEN: Das Wort Orden bezeichnet die Gesamtheit der Freimaurer, den „Orden der Freimaurer". Dennoch übernehmen manche Obedienzen diesen Titel für sich, dies aber nur, wenn sie internationale Kompetenz genießen: so der „Ordre International Mixte du Droit Humain" oder der „Memphis-Misraim-Orden".
Das englische Wort „craft", deutsch: „Gewerk" oder „Bruderschaft", gehört zum Wortschatz der Zünfte und wurde von den mittelalterlichen Gilden benutzt. Das Wort „Orden" ist dem Umfeld der religiösen Orden, königlicher Auszeichnungen und der Templer-Tradition entnommen.

ORIENT: Der Osten, also jene Seite der Loge, an der der Meister vom Stuhl sitzt. Das Wort bezeichnet auch die geographische Lage der Loge, z. B. „die Comenius Loge im Osten von Prag".

RITUS: Die Bedeutung dieses Wortes führt zu den Begriffen Anordnung, Reihung, Zahlen und Ordnung (griechisch „arithmos", Zahl; Sanskrit „rtam", Ordnung, Anpassung). Der Ritus ist auch die Gesamtheit der Zeremonien und aller ihrer Abläufe. Im übertragenen Sinn bedeutet Ritus einen Abschnitt im Ablauf der Zeremonie: der Ritus des Eintretens in die Loge, der Ritus der Einrichtung der Beamten etc.
Der Ritus bezeichnet zudem eine bestimmte Anzahl von Ritualen, die verschiedene Erkenntnisstufen (oder „Grade") aufweisen, wobei die drei ersten immer die gleichen sind: Lehrling, Geselle und Meister. Der Alte und Angenommene Schottische Ritus zählt 33 Grade; der Französische Ritus sieben; der Memphis-Misraim-Ritus 95. Der Emulations-Ritus kennt nur die drei ersten Grade und zieht es vor, den Begriff „Workings" anstelle von Ritus zu gebrauchen. Das rektifizierte Schottische System, 1778 in Frankreich gegründet, lehnt den Begriff „Ritus" ab und bevorzugt das Wort „Regime".
Die Riten unterscheiden sich durch Stil und Pädagogik. Die in Europa am häufigsten praktizierten Riten sind der Alte und Angenommene Schottische Ritus, der Französische Ritus, das rektifizierte Schottische System, der Emulations-Ritus, der Memphis-Misraim-Ritus. Eine Obedienz (s.d.) kann Logen zusammenfügen, die unterschiedliche Riten praktizieren.

SCHURZ: Bekleidung des Freimaurers, bestehend aus einem Viereck und einer dreieckigen Klappe. Der Schurz des Lehrlings ist weiß, der des Gesellen bisweilen mit einem blauen Rand verziert. Vom Meistergrad aufwärts variieren Farbe und Verzierungen. Der Schurz ist meist schwarz gefüttert.

TEMPEL: Das Wort hat in der Freimaurerei verschiedene Bedeutungen:
– der Ort, an dem sich die Loge versammelt;
– der Tempel in Jerusalem;
– heiliger Raum. Dies ist der lateinische Sinngehalt des Wortes.

BIBLIOGRAPHIE

D. Béresniak: *Les Premiers Médicis et l'Académie platonicienne de Florence*. Détrad, Paris 1985

D. Béresniak: *Rites et Symboles de la Franc-Maçonnerie*. Band I: *Loges bleues*.
Band II: *Hauts Grades*. Détrad, Paris 1994

D. Béresniak: *La Franc-Maçonnerie*. J. Granchet, Paris 1988

A. Combes: *Les Trois Siècles de la Franc-Maçonnerie française*. Edimaf, Paris 1990

J. Fontaine: *L'Éveil, de l'initiation au maître*. Détrad, Paris 1995

G. Garibal: *Être Franc-Maçon aujourd'hui*. Marabout, Paris 1996

A. Horne: *Le Temple de Salomon dans la tradition maçonnique*. Übersetzung D. Béresniak, Editions Du Rocher, Paris 1992

D. Ligou: *Dictionnaire universel de la Franc-Maçonnerie*. PUF, Paris 1974

J. Lhomme, E. Maisondieu, J. Tomaso: *Dictionnaire thématique illustré de la Franc-Maçonnerie*. Editions Du Rocher, Paris 1996

J. Moreau: *La Craie et le Compas*. Détrad, Paris 1997
L. Nefontaine: *La Franc-Maçonnerie*. Gallimard, Découvertes, Paris 1994

A. Pozarnik: *Mystères et Actions du rituel d'ouverture en loge maçonnique*. Dervy, Paris 1993

J. Trescases: *L'étoile flamboyante*. Trédaniel, Paris 1989

O. Wirth: *La Franc-Maçonnerie rendue intelligible à ses adeptes*. Band I: *L'apprenti*. Band II: *Le compagnon*, Band III: *Le maître*. Dervy, Paris 1945

BILDNACHWEIS
Alle Photographien Copyright © by Laziz Hamani/Éditions Assouline. Photographiert wurde anläßlich der Ausstellung Franc-Maçonnerie, Avenir d'une tradition, Musée des Beaux-Arts de Tours, 1997.
Der Verlag dankt folgenden Institutionen für die Genehmigung, Objekte ihrer Sammlungen zu photographieren: Loge de la Parfaite Union, Mons (S. 13, 27, 105, 119); Musée de la Loge Les Démophiles, Tours (S. 33, 48/49, 51, 70/71, 85, 101, 123);
Musée des Beaux-Arts de Tours (S. 53, 55, 109); Musée de la Grande Loge de France, Paris (Abbildungen am Schutzumschlag, Vor- und Nachsatz, S. 38/39, 44, 46, 59, 62, 67, 69, 78, 86/87, 89, 93, 94, 96, 103, 106–107, 110/111, 113, 126/127); Musée du Grand Orient de France, Paris (S. 63, 83); Collection Détrad-Avs, Paris (S. 65); Prins Frederik Museum, Den Haag (S. 66, 124/125); Historisches Museum der Stadt Wien (S. 115–117)

Gegenüberliegende Seite: Geschnitzter rauher Stein. Loge „Les Démophiles", 19. Jh.
Folgende Doppelseite: Ein Diorama illustriert die Rolle der Künste und der Wissenschaften in den Logen, 18. Jh.

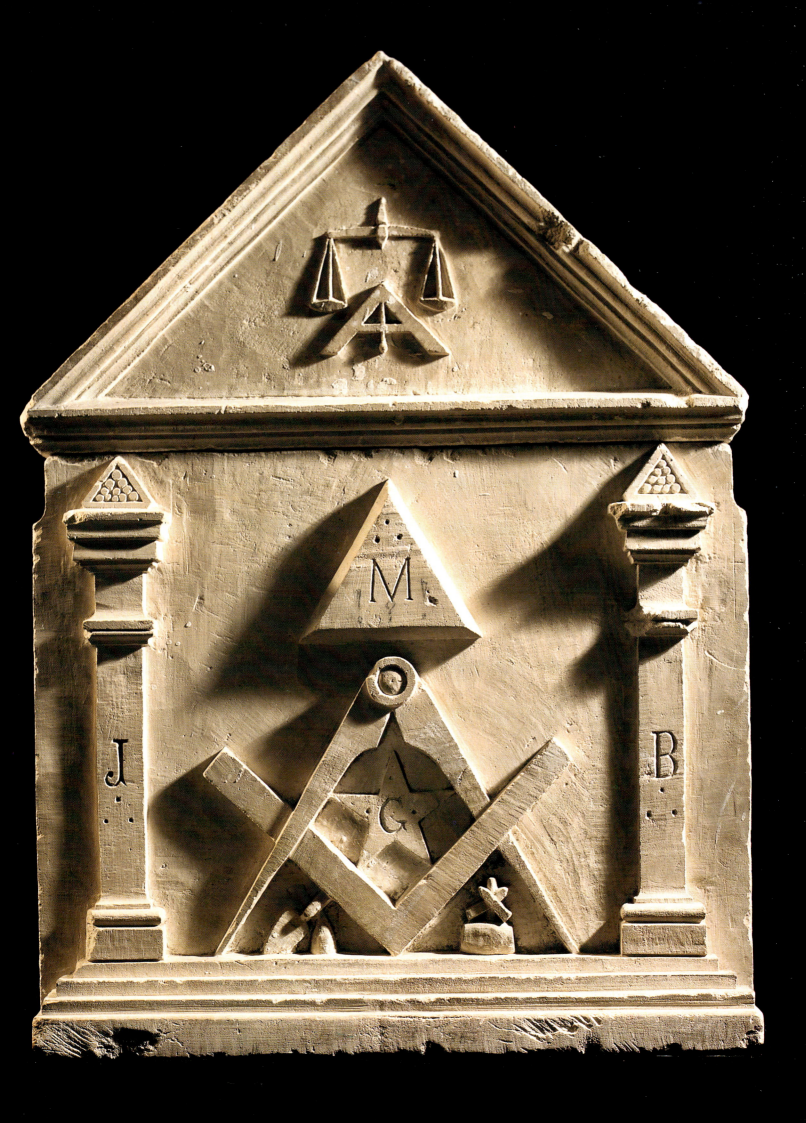

1. Le Grand Maître.
2. le p.^r Surveillant.
3. le 2.e Surveillant.
4. le Recipiendaire.

Assemblée de Francs-Maçons
Entrée du Rec
Dedié au très Galant, très sincere et très veridique Frere
Dessiné par Madame la Marqu

a Reception des Apprentifs.

ans la Loge.

rd Gabanon, Auteur du Catechisme des Francs-Macons.

vé par Mademoiselle ★★★★.

5. l'Orateur.

6. le Secretaire

7. le Tresorier.

8. le Frere Sentinelle.

DANKSAGUNG

An allererster Stelle möchte ich meiner Frau Claudine danken. Sie ist stets um mein Wohlbefinden bemüht und hat so die besten Bedingungen für meine Arbeit zu Hause geschaffen. Darüber hinaus ist sie meine erste Leserin, und ihr Rat ist für mich von großer Bedeutung. Besonders danken möchte ich auch meinem Sohn Ariel. Trotz seines vollen Terminkalenders findet er immer wieder Zeit, uns in die Kunst des Umgangs mit Computern einzuweihen und uns mit technischen Hilfsmitteln zu versorgen, die wir ohne ihn weder aussuchen noch bedienen könnten.

Ohne die Unterstützung von Freunden, die uns den Zugang zu seltenem Material gewährt haben, es uns photographieren ließen und uns bei der Auswahl behilflich waren, hätte ich dieses Buch niemals schreiben können. Jean-Philippe Marcovici, Präsident der Association 5997, jenes Vereins, der die Ausstellung über Freimaurerei im Musée des Beaux-Arts in Tours veranstaltete, hat es uns ermöglicht, Objekte aus europäischen Privatsammlungen zu photographieren, zu denen wir ohne seine Vermittlung keinen Zugang gehabt hätten. Weiters hat er uns die Tore des Tempels der Loge „Les Démophiles" geöffnet. Danke, Jean-Philippe! Philippe Morbach ist der Leiter des Museums der Grande Loge de France. Ihm will ich für die Freundlichkeit danken, die er uns entgegenbrachte. Wir verdanken ihm den Zugang zu raren und interessanten Objekten, bei deren Auswahl er uns geholfen, deren Herkunft und Daten er überprüft hat.

Ebenfalls von der Grande Loge de France danken wir dem Archivar Maurice Bonnefoy und den Bibliothekaren Jonathan Giné und François Rognon für ihre wertvollen Hinweise.

Paul Gourdon ist der Leiter des Museums des Grand Orient de France. Er hat uns ohne zu zögern vertraut und uns die Schätze, die er bewahrt, zugänglich gemacht. Ich möchte ihm an dieser Stelle dafür danken. Ich danke Daniel Ribes dafür, daß er den Schurz und andere Objekte Laziz Hamani anvertraut hat. Als Direktor des Verlags Détrad-Avs und Hersteller maurerischer Bekleidungen ist Daniel immer darum bemüht, Forschern und Künstlern zu helfen.

Laziz Hamani ist der Photograph des vorliegenden Bandes. Da Bild und Text sich gegenseitig illustrieren, ist er aber auch Mitautor. Die Zusammenarbeit mit ihm war eine schöne Zeit. Was könnte man über seine Kunst sagen? Die Liebe zum Schönen und die Beherrschung seines Handwerks zeugen von einer Würde, die uns alle ehrt. Dafür danke ich ihm.

Zuletzt möchte ich meiner Dankbarkeit gegenüber Marc-Alain Ouaknin Ausdruck verleihen. Durch ihn habe ich Martine und Prosper Assouline kennengelernt, die Herausgeber der französischen Ausgabe dieses Buches.

Laziz Hamani möchte auf diesem Weg Jonathan Kluger für seine großzügige Hilfe bei der Herstellung der Bilder, Philippe Sébirot für seine hilfreichen Hinweise zu diesem Buch danken. Dank ebenso an Daniel Delisle vom Studio Prumelle, an Paulette und Jean-Pierre Roland aus Tours und an Daniel Béresniak für seine unvergleichliche Art, Dinge mit soviel Schlichtheit und Wärme darzustellen.

Vorhergehende Doppelseite: Aufnahmezeremonie zum Lehrling, Stich von Gabanon, 1745